我们一起解决问题

好团队是训出来的

训出来的

餐饮旺店
人员培训全程实录

杨铁锋　王维／著

人民邮电出版社

北京

图书在版编目（CIP）数据

好团队是训出来的：餐饮旺店人员培训全程实录 /
杨铁锋，王维著. -- 北京：人民邮电出版社，2020.7（2023.12重印）
ISBN 978-7-115-53869-7

Ⅰ. ①好… Ⅱ. ①杨… ②王… Ⅲ. ①饮食业－商业
经营 Ⅳ. ①F719.3

中国版本图书馆CIP数据核字(2020)第064886号

内 容 提 要

随着餐饮行业竞争压力的加大和餐饮业"用工荒"时代的到来，越来越多的餐饮企业
认识到团队对于企业发展的重要性。打造一支标杆团队，是餐饮企业赢得新形势下餐饮竞
争的制胜武器。

《好团队是训出来的》由知名餐饮培训师杨铁锋老师倾情打造，是继《这样的店长很
抢手》后又一部餐饮企业队伍建设落地指南。本书从寻找制高点、培训动员会、养成做事
到位的习惯、成为解决问题的高手、建立高标准、打造品牌提升方案、提高专业技能、向
海底捞学服务、让头回客成为回头客等角度，详细介绍了餐饮企业打造标杆团队的培训过
程。作者用生动的图表、经典的案例、幽默的语言，呈现了山东头一锅这一餐饮旺店人员
培训的全过程，可以为各餐饮企业人员培训及队伍建设提供参考。

本书适合餐饮企业所有者，餐饮企业管理者，餐饮企业运营人员、人力部门负责人、
培训部门负责人，以及餐饮行业咨询和培训人员阅读和使用。

◆ 著　杨铁锋　王 维
　　责任编辑　贾淑艳
　　责任印制　彭志环
◆ 人民邮电出版社出版发行　　北京市丰台区成寿寺路 11 号
　　邮编 100164　电子邮件 315@ptpress.com.cn
　　网址 https://www.ptpress.com.cn
　　北京虎彩文化传播有限公司印刷
◆ 开本：700×1000　1/16
　　印张：13.5　　　　　　　　　2020 年 7 月第 1 版
　　字数：180 千字　　　　　　　2023 年 12 月北京第 3 次印刷

定　价：59.00 元

读者服务热线：（010）81055656　印装质量热线：（010）81055316
反盗版热线：（010）81055315
广告经营许可证：京东市监广登字20170147号

自 序

打造团队，一人一本

为餐饮企业做咨询，算起来已经有 20 年时间了。最初的时候，没有经验，也没有效仿的标杆，只能是按照自己的理解东学一点儿，西做一点儿。慢慢竟也形成了餐饮培训的套路，知道在什么样的情况下用什么样的方法，培训的效果才会好。

方案有了，但在落地时，新的难点就来了。一个是经常受到来自管理人员的质疑和挑衅。管理人员误以为培训师是到餐饮企业抢饭碗来了，特别看不惯培训师的一些思路和做法，总是想方设法提出一些问题，以证明培训师的偏颇和错误。另一个是在餐饮行业，初中、小学学历的员工占据绝大多数，高中以上文化程度的员工凤毛麟角，他们讨厌制度和管教，反感诸多形式的约束和改变。所以，很多培训方案往往在执行阶段就开始打折扣，还没有到推广阶段，方案的精髓就所剩无几了。

如果培训师在前一天晚上的总结会上要求，管理人员第二天需要整顿纪律、提高服务质量，大家也许会在会上表示同意，但第二天去现场观察，会发现员工表现依然如故，没有一点变化。向主管了解原因，主管会理直气壮，说："我都培训了，但他们不会，我也没有办法。"

我们也在反思，是不是培训师一方的方式方法有问题，导致员工不爱配合？

如果我们能提前和大家沟通，站在帮助大家的角度上，将我们的动机坦言相告，用一些大家喜欢的方式，真正去提高大家的效率、标准和境界，会不会使我们的培训方案变得容易接受？

果然，当我们首先和员工敞开心扉真心互动的时候，员工们变得和善而可爱，他们阳光，他们坚韧，他们努力，他们吃苦耐劳，他们特别希望用双手改变命运。在这样的氛围里，企业的核心文化很快就会建立起来：积极参与，无私肯干，互帮互助，任劳任怨。如果不是多次亲身经历，我绝对不会相信：一个人一旦有了进取的目标，改变自己的力量是多么巨大！

以下是我在培训中用到的方法，仅供大家参考。

1. 正装参与培训，严格要求坐姿、站姿。

2. 人来座开，人走座回。

3. 帮助员工找到自己的人生目标。

4. 培训师不能"端架子"。

5. 培训师要学会说"大白话"，便于大家一听就懂。

6. 培训师要杜绝照本宣科，避免参训人员感觉无关痛痒。

7. 培训师要学会"讲故事"，寓教于乐。

8. 随时发问能够吸引注意力。

9. 安排专人现场拍摄，让受训人员认为培训十分专业、正式。

10. 利用好视频、图片。

11. 军训是重要内容，通过军训改变一些不良习惯。

12. 培训内容要植入情景剧表演，增加大家的参与感。

13. 注意挖掘参训人员才艺能力，及时给予正面激励。

14. 如果现场有不服从指导的表现，必须要马上给予批评。

15. 每天结束后培训师要写出 300 字以上的培训心得。

现在看，这样的沟通方式还是比较有效的。

我们想，能不能把这样的一种方式总结出来，写成餐饮人能够看懂学会的指南，让餐饮企业在打造团队的时候，每个员工发上一本，这样就可以节省很多时间，让员工"人同此心，心同此理"，建立良好的企业文化和工作标准，从而有效地降低企业的培训成本。

2019 年 4—5 月，我们在对山东头一锅餐饮连锁服务公司进行系统培训时，对整个培训过程做了全程录音，然后，根据录音整理出了现在这本《好团队是训出来的》一书。

头一锅是一支非常上进的团队，董事长姬玉梅的很多做法与众不同。姬玉梅不但认同"正人先正己"，而且在帮助别人时从不显山露水。她说："一个人做好事，求的是心安，做就是了，为什么要四处宣扬？"所以，在这次培训中，姬总除前期出去参加考察活动外，后期还全程参与培训活动。每天培训时，她和学员一样，认真听讲，做好笔记；培训之外，她还要和我们讨论培训的进度和员工的进步情况，寻找员工潜质，规划员工未来。因为姬总的大力支持，使得这次的培训效果十分圆满，团队状态明显提高。在此，向姬玉梅董事长及头一锅全体员工表示真挚的感谢！

《好团队是训出来的》一书，培训背景选自山东头一锅，但培训的内容却贴近餐饮工作实际。它对餐饮企业发展过程中存在的若干问题，通过这样的方式给出答案，是希望帮助更多的企业在成长的过程中减少失误稳健发展。在前行的路上，产品打造固然重要，但没有一支强有力的团队，终将一事无成。

目 录

第一章

寻找制高点

1.1 挖掘地域性特色产品

金典大酒店（山东头一锅前身），位于山东省菏泽市单县，面积约 2 000 平方米。2012 年开始装修时，投资人看好当时高端消费的大环境，从店面设计到店内布局，一切都按照高标准推进。

不料酒店开业后，餐饮形势发生了变化，生意一天不如一天，每天的销售额甚至降到三四千元，而且还是投资人自己宴请客户和家人朋友到店捧场，真正进店消费的人几乎没有。

眼看着刚建好的酒楼直接沦为"死店"，董事长姬玉梅找到了我们的团队，她感慨道："两年时间，我一麻袋钱没有了。"

我们的团队开始对金典大酒店的经营环境进行调研，有一些问题让我们压力很大：一、周边几个酒楼普遍生意平平，说明金典大酒店所处的商圈消费能力明显不足；二、单县地处鲁西南地区，既没有铁路，也没有高速公路，交通条件不够便利，客商往来较少；三、单县属于农业县，人均收入不高。餐饮是一个"寄生"产业，必须要依附有能力的消费者，面对这样的商圈和顾客群，我们该如何走活这盘棋？

当然，也有一些优势条件便于我们施展手脚。首先，姬玉梅董事长十分

3

坚定。她愿意全力配合，和我们一起做"最后的尝试"。其次，装修不用做大改动。原来的装修设计比较规范，基本上保持原样就能够满足顾客需要。

经过反复思考，我们决定对金典大酒店的运营管理砍下"三板斧"，做彻底的转型。

第一斧：锁定标签性产品，对酒楼进行更名

原有"金典大酒店"这个名字，虽显得很高级，但容易让顾客产生距离感，并不适合日常朋友宴请。在最近十年左右时间，以"大酒店"为餐厅命名的企业，生意几乎都陷入亏损。除此之外，找到一个真正"亲民"的"代言"产品对此时的姬董事长很重要。

在单县调研时我们发现，单县在全国知名度最高的产品"单县羊肉汤"竟然缺少代表品牌。现有的几家主打单县羊肉汤的企业，其运营理念和方法与现代顾客需求差距甚远，无法形成真正的竞争能力。其他众多小型羊肉汤经营店，主要采用家庭作坊式加工生产，卫生状况和产品品质得不到真正保证。

鉴于单县羊肉汤自身的优势——成熟稳定的加工技术，远近闻名的传统美食，绝无仅有的单县代表，我们锁定了它，并决定将其作为酒楼的招牌。我们把这个想法告诉姬玉梅董事长后，她也很兴奋，连说"好啊好啊，那就主打单县羊肉汤"。

但金典大酒店如何改名却让我们颇为踌躇。经营酒楼，名字是大事中的大事。闷了几天后，我突然想起来一个情节：每天晚上和姬总分手的时候，姬总总会叮嘱我们一声，"明天早点起来，我们去喝头一锅的羊肉汤，头一锅的羊肉汤，汤厚味纯。"我突然灵感一现，如果改名为"头一锅"怎么样？

头一锅单县羊肉汤酒楼，是不是显得传统经典、个性鲜明？

姬总听后，很快便拍板决定更名为"头一锅单县羊肉汤酒楼"。企业愿景规划顺理成章：专心制作中国单县羊肉汤。广

山东省单县原金典大酒店的店面。

告词也有了：单县羊肉汤，只喝头一锅。为了避免其他企业跟风"头一锅"，我向姬总建议：将企业名称重新注册为"山东头一锅餐饮服务有限公司"，通过字号保护头一锅在山东省行政范围内的合法权益，同时到当地商标事务所办理"头一锅"的商标注册，在这些工作没有落地之前，千万不能暴露企业的名字和品类。

事实上，在全国百姓的心里，单县是和羊肉汤连在一起的，有了羊肉汤才有了单县，而不是有了单县才有了羊肉汤。而极品的单县羊肉汤，则以每餐头一锅为首选，味道醇厚，香

调整后的"头一锅单县羊肉汤"的店面。将红字改为白字红边，重点突出"单县羊肉汤"，使品类起到引领顾客到店消费的作用。

气劲猛，颇受老乡们青睐。二汤、三汤的汤汁就淡了，色香味差了不少。

我们抓住独有的美食文化亮点，也做出长远规划：样板店成型后，加快

头一锅的开店速度，扩大单县羊肉汤的行业知名度，让单县羊肉汤成为中华美食中的娇艳奇葩。

头一锅的招牌菜有了，就等于核心产品有了着落。在这个基础上，我们增加了两个"影子产品"——烧鸡和猪蹄，以提高头一锅现场体验的性价比，让中高端消费顾客同样可以在头一锅满足自己的需要。

第二斧：改变分配机制，调动员工积极性

如何让员工焕发工作激情，是金典大酒店更名头一锅之后的首要工作。市场经济环境下的餐饮企业员工管理，仅仅依赖号召员工发扬奉献精神已经失去效用，而员工本身具备的防备心理和自我尊重感，应该成为提振士气优先考虑的问题。

所以，改变分配机制的核心，就是将以往的固定工资更改为计件工资、承包工资和提成工资，逐步推行有限控股方式，让员工从"让我干"调整到"我要干"的状态上来。

比如，头一锅推行全员营销方法，为所有的员工制作了岗位名片，规定任何员工谈成的宴会预订订单，都可以得到销售收入 3% 的提成。

对服务员确定服务客人数量的考核指标，超过的当月纳入绩效，多服务多得，并且上不封顶。

这样就极大地改善了员工的服务意识，提高了工作积极性，比单纯说教的效果要好得多。

第三斧：借名人营销，传播企业正面信息

2014 年 10 月 1 日，头一锅单县羊肉汤酒楼正式开业。开业当天，恰逢十一假期，回单县探亲访友者特别多，头一锅生意火爆，包房和大厅所有台

面全满。

而黄金假期之后，应该如何做品牌传播呢?

有一天，我偶尔向姬总询问哪位名人喝过单县羊肉汤，姬总告诉我，刚来的厨师时红升给国家领导人做过羊肉汤。和时红升确认之后，我兴奋不已，并向姬总建议，最好给时红升一个承诺，一年给他开一百万元的年薪。

姬总瞪大眼睛，说:"不行啊，我哪里有钱给他开一百万?"

我笑了:"如果时红升给你一年赚了三百万元，你可以给他一百万吗?"

姬总说:"可以啊。"

我问时红升:"你们按照这个条件签一份合同，你愿意吗?"

时红升同意。

于是，他们签了一份简单的工作合同，约定了年薪一百万元的条件和支付方法。

而这个决定，不仅让厨师时红升的工资翻了十倍，也为头一锅做了一次大范围的有效宣传。

而后，头一锅的销售额直接审到每天 3.5 万元以上，春节前后更是达到每天六七万元。2015 年，头一锅连续开设了三家店，扭亏为盈，并在当地打开了一定的知名度。

头一锅之所以能起死回生，最大的原因应该是创始人的决心。只有创始人坚定了改革的决心，企业才能如此彻底地改头换面。很多餐饮老板，想改却不敢改，或者不敢从大处着手，只是小打小闹，这样的话，改进会非常慢，且不容易见效。而我们团队在给这家酒楼改名字的时候，也发现了意想不到的惊喜。原来以为聚焦到一个品类单县羊肉汤，就相当成功了，结果还能闪出"头一锅"的灵感，并最终将头一锅的美食文化演绎出来，实属不易。

1.2 让创始人成为品牌代言人

头一锅单县羊肉汤酒楼重新开业以后，很快把销售额拉升到每天 8 000 多元，与金典大酒店的经营状况相比有明显改善，让头一锅的投资人和一线员工对未来充满信心。于是，我们继续在打造和传播品牌上做工作。首先，我们为头一锅编写了一个"故事"，让顾客了解单县羊肉汤的来龙去脉和头一锅的品牌规划，使顾客自己得出头一锅在历史背景、美食渊源和经营使命方面上的"老字号"结论，把刚刚开业三个月的单县羊肉汤酒楼看作一家很有情怀的"老字号"企业。这个故事是这样写的。

关于头一锅

如果没有单县羊肉汤，单县的名头就要大打折扣了。在全国百姓的心里，单县是和羊肉汤连在一起的，有了羊肉汤才有了单县，而不是有了单县才有了羊肉汤。单县的羊肉汤大气而坦荡，与普通羊汤最大的区别是中间多了一个"肉"字，所以叫羊肉汤，品质自然非羊汤所能比，方家品鉴后留下美誉："色白似奶，水脂交融，鲜而不膻，香而不腻。"假若不是货真价实，怎么受得了这等评价？优质的单县羊肉汤，当以单县黄河故道和大沙河两岸的三年龄青山羊为主要原料，经厨师细心熬制后，方能上桌应客。而极品的单县羊肉汤，则以每餐头一锅为首选，味道醇厚，香气劲猛，颇受食客们青睐。二汤、三汤的汤汁就淡了，与头一锅相比，色香味自然差了许多。

山东头一锅单县羊肉汤酒楼热爱单县历史文化，认真挖掘传统美味，以弘扬单县羊肉汤文化内涵为宗旨，尊重经典，博采众长，努力将头一锅单县羊肉汤酒楼打造成单县的一张亮丽名片，让本地人以头一锅为单县的骄傲，让外地客商以头一锅为单县的美食文化代表，做好做足头一锅的单县羊肉汤文化。头一锅，不仅仅是头一锅单县羊肉汤的字号，同时也是头一锅单县羊肉汤的经营宗旨，头一锅每餐只做"头一锅"汤，绝不加工二汤、三汤，看汤待客，汤尽即止，使到店客人品尝到的单县羊肉汤一定是纯正的头一锅汤，"单县羊肉汤，要喝头一锅。"头一锅单县羊肉汤酒楼的愿景规划，是要在八年之内将头一锅开到100家店，让单县羊肉汤成为中华美食中的娇艳奇葩。

应该说，这个"故事"还是挺有味道的，许多人看了以后印象深刻。但对于众多的普通消费者来说，这个品牌介绍显得有些抽象，不太容易形成"形象记忆"，于是我们根据姬总夫妇的创业经历，编写了一篇用于影响普通消费者的"品牌故事"，制成大幅广告，张挂在一楼餐厅的西墙上。这个设计，使到店消费的顾客成了二次传播的媒介，形成了有效的"口碑传播"，头一锅品牌的知名度在不知不觉中得到提升。

因为电视机的普及，利用店内电视设备播放企业品牌故事是特别"价廉物美"的。所以，我们又以单县当地的乡村为背景，编写了一段电视广告文稿，委托当地的相关机构，拍摄了一部宣传片。当人们看到熟悉的风光里有一位单县的企业家在讲述自己的故事的时候，大家的心态自然就和头一锅融为一体了。

头一锅电视广告文稿

背景：山东省单县郊区养殖青山羊的羊场，有若干只青山羊在地里啃草。上午九十点钟，阳光很好。

姬玉梅坐在一个土坡上，营造一种在和老熟人聊天的感觉。

（摄像机使用长焦特写拍摄，背景是虚幻的，有电影效果。伴随着姬玉梅的讲解，电视画面在不断变换。头一锅的店面，正在大锅里开滚的羊肉汤，羊肉从锅里捞出来热乎乎扔到砧板上，刀切羊肉，单县烧饼，顾客用筷子往嘴里大块夹肉开心咀嚼，厨师的可爱笑脸，顾客的开心笑脸，服务员热情地打招呼，制作羊肉汤特有的白芷等调料……）

姬玉梅对着摄像机，念出以下台词。

我特别喜欢做餐厅的感觉，一看到人来人往的，我就高兴，就觉得好像做成了一件什么事情。头一锅羊肉汤开业时间不长，是在2014年10月开业的。以前，经常有外地客人到单县来谈生意，早晨我都会请他们去喝羊肉汤。头天晚上我会和客人提前打好招呼，告诉他们明天早上七点过来接他们，去喝羊肉汤。他们不理解，问我，"干吗起那么早？"我就会说："羊肉汤要喝头一锅的，头一锅的羊肉汤浓度厚，味道纯，喝起来舒服。"

我们单县人特别喜欢喝羊肉汤，早晨起来喝一碗，再来两个烧饼，一顿早饭就解决了。

外地人知道单县，也往往是先知道单县羊肉汤，然后才知道单县这个地方的。

所以我想，如果能在单县开一家有规模的单县羊肉汤，一定会受到大家的欢迎。

做好单县羊肉汤，并不容易呢。

我们选用的羊肉是我们单县本地的青山羊。这青山羊是在散养环境下长大的，肉质特别结实。

做单县羊肉汤，是把羊肉和羊骨头放在一起熬，熬的时间得有三个多小

时。（津津有味地介绍单县羊肉汤的做法）

调料也很有讲究。（具体介绍一下）

我们做的这个羊肉汤为什么会叫头一锅呢？

这里有两个意思。一个是头一锅的单县羊肉汤好喝，另一个是我们卖羊肉汤，就应该把头一锅当成标准，不是头一锅的羊肉汤不卖。

现在有好多地方的投资人过来找我谈，要加盟头一锅，有威海的，临沂的，郑州的，菏泽的，等等。我最大的愿望就是将来能把头一锅单县羊肉汤开到全国各地。

1.3　设计头一锅的视觉识别系统

想让企业商标成为顾客认可的品牌，仅仅有"故事"还不行，还需要让大众对"企业形象"留下印象。在一段时间内，企业形象最好不要总"折腾"，今天一个样子，明天又换了一个样子，而应该要保留"形象基因"，便于大众识别。在这一点上，星巴克、海底捞、全聚德等企业为同行们树立了标杆，值得我们用心揣摩。如何树立企业形象呢？一般来说，我们需要在标识设计、色彩搭配和氛围渲染上做文章。

在头一锅这个案例中，头一锅商标这三个字，我们有意识地设计成了"颜楷"体，大气厚重，传统端庄，和头一锅的品牌内涵十分一致，较好地表达了企业本身所追求的特质：品质、经典、传统。

怎样通过色彩搭配呈现头一锅的企业形象呢？我们仍然按照"品质、经典、传统"的出发点来设计。从传统文化上来分析，传播最广、中国人最爱的颜色是"红色"，驱邪避凶，是一种吉祥色，没有其他颜色可以替代。和红色搭配最和谐的色彩是"黑色"，经典的代表事物是"对联"。但黑红搭配呈现在餐厅的店面上，不容易引起过往行人的注意，原来的金典大酒店就存在这样的问题，开业两年竟然少人知晓。于是，在色彩搭配上加入了白色，做重要内容的凸显。最后，我们确定了头一锅标识的基本色彩搭配是：白字、红边、黑背景。

以下图示从各个方面展现了头一锅的视觉设计系统，展示了头一锅品牌形象的统一性。

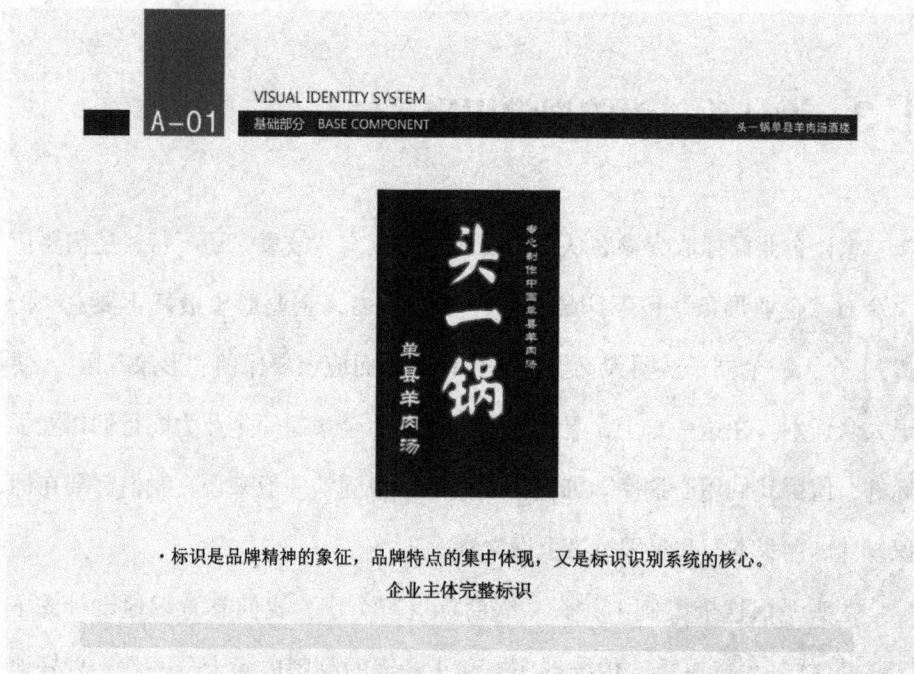

VISUAL IDENTITY SYSTEM
A-01　基础部分　BASE COMPONENT　　　　　头一锅单县羊肉汤酒楼

专心制作中国最佳羊肉汤
头一锅
单县羊肉汤

· 标识是品牌精神的象征，品牌特点的集中体现，又是标识识别系统的核心。
企业主体完整标识

VISUAL IDENTITY SYSTEM
基础部分　BASE COMPONENT

A-02

头一锅单县羊肉汤酒楼

辅助色

标准色

C0 M100 Y100 K30　　　　C0 M100 Y100 K80

C0 M100 Y100 K30

C0 M100 Y100 K30　　C0 M100 Y100 K80　　C0 M100 Y100 K0

C0 M0 Y0 K100

· 此图规范了标识的色彩，通过视觉传达产生强烈的印象，达到色彩在视觉识别中的作用；
为使品牌形象统一而富于变化，特制作辅助色彩配合应用。

企业识别系统中用到的色彩标准

VISUAL IDENTITY SYSTEM
基础部分　BASE COMPONENT

A-03

头一锅单县羊肉汤酒楼

头一锅

颜楷简体——标语、文标主题等

单县羊肉汤

方正隶二简体——标语、文标主题等

企业印刷标准字体

VISUAL IDENTITY SYSTEM

A-04　基础部分　BASE COMPONENT　　　　　　　　　头一锅单县羊肉汤酒楼

·此图规范了标识的辅助图案。

企业标识辅助图案

VISUAL IDENTITY SYSTEM

B-01　应用部分　APPLICATION COMPONENT　　　　　　头一锅单县羊肉汤酒楼

外卖食品用箱　　　　　　　　　　　打包用手提袋

VISUAL IDENTITY SYSTEM
B-02 应用部分 APPLICATION COMPONENT 头一锅单县羊肉汤酒楼

企业筷子、筷套

VISUAL IDENTITY SYSTEM
B-03 应用部分 APPLICATION COMPONENT 头一锅单县羊肉汤酒楼

餐巾纸盒

VISUAL IDENTITY SYSTEM

B-04 应用部分 APPLICATION COMPONENT 头一锅单县羊肉汤酒楼

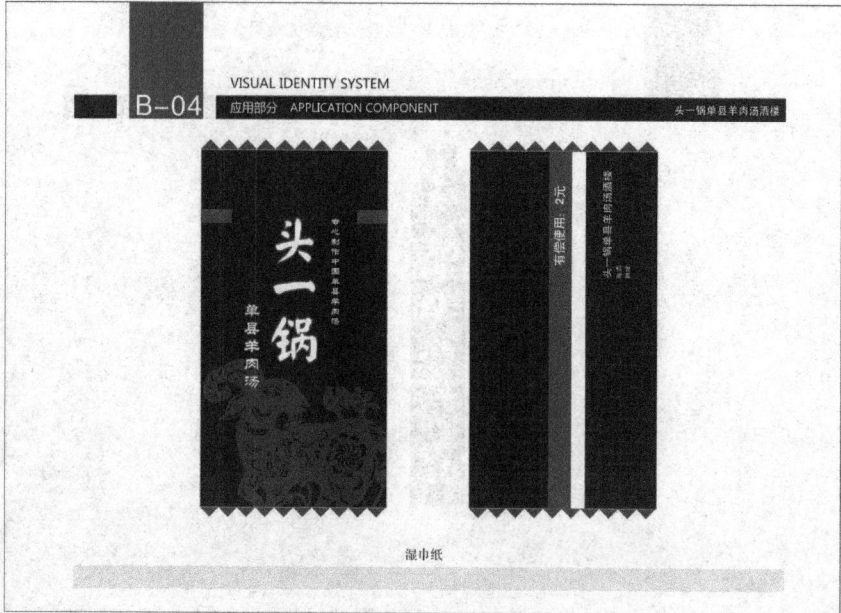

头一锅

单县羊肉汤

湿巾纸

VISUAL IDENTITY SYSTEM

B-05 应用部分 APPLICATION COMPONENT 头一锅单县羊肉汤酒楼

头一锅

单县羊肉汤

方便袋

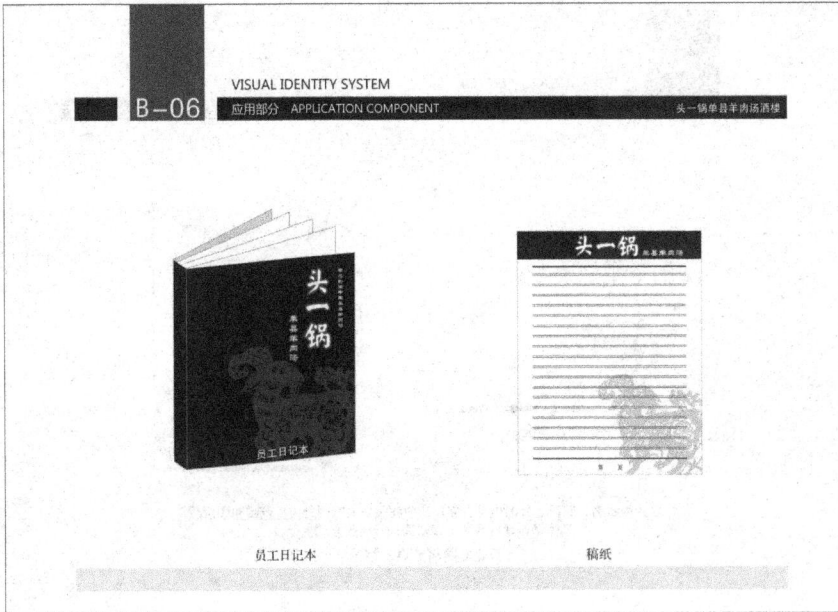

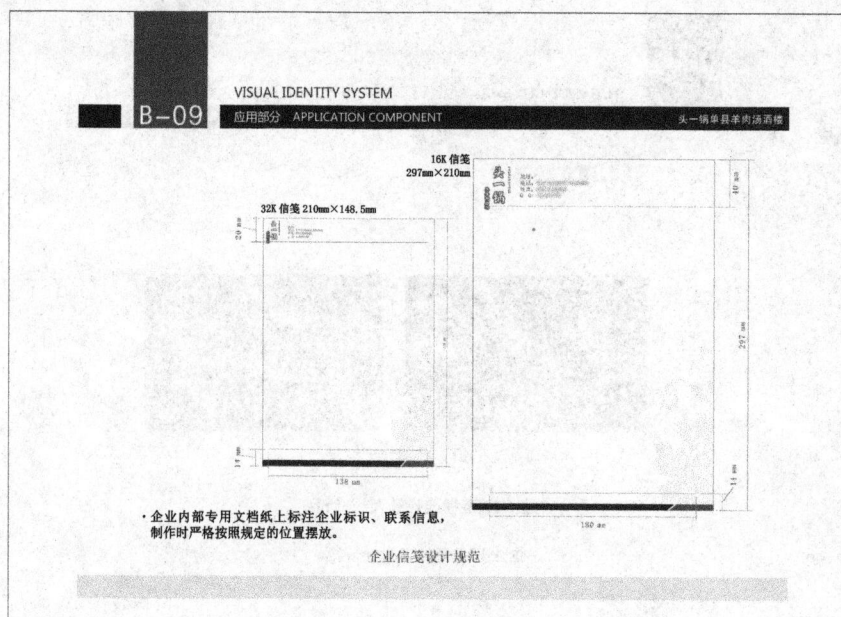

企业DM宣传册设计规范

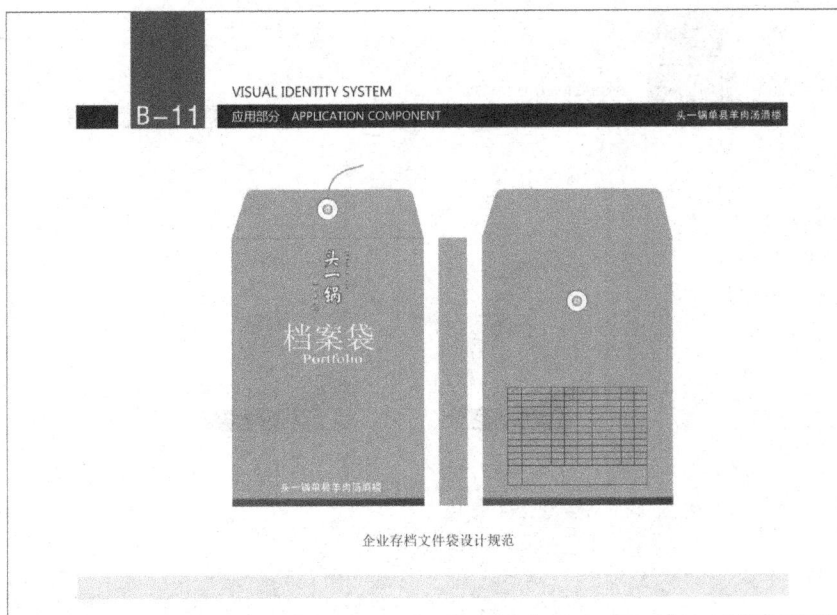

企业存档文件袋设计规范

VISUAL IDENTITY SYSTEM

B-12 应用部分 APPLICATION COMPONENT 头一锅单县羊肉汤酒楼

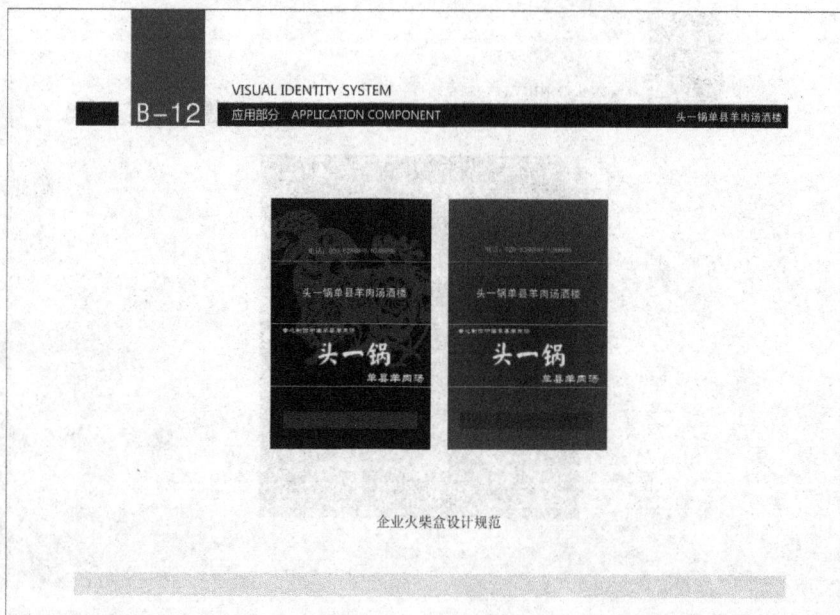

企业火柴盒设计规范

VISUAL IDENTITY SYSTEM

B-13 应用部分 APPLICATION COMPONENT 头一锅单县羊肉汤酒楼

企业一次性纸质水杯设计规范

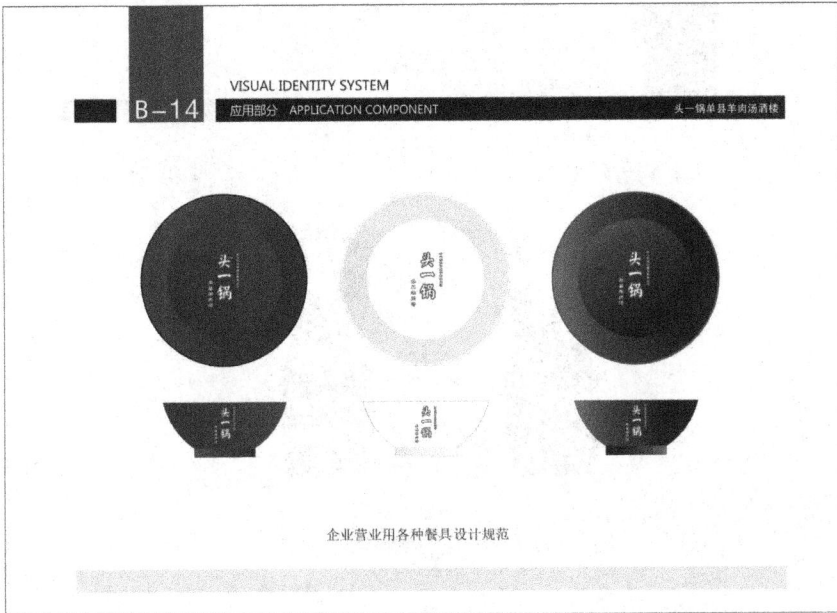

VISUAL IDENTITY SYSTEM

B-14　应用部分　APPLICATION COMPONENT　　　　　头一锅单县羊肉汤酒楼

企业营业用各种餐具设计规范

VISUAL IDENTITY SYSTEM

B-15　应用部分　APPLICATION COMPONENT　　　　　头一锅单县羊肉汤酒楼

·公共关系用品应用于企业对外赠送、事务及促销活动，代表企业的形象。

企业礼品打火机设计规范

VISUAL IDENTITY SYSTEM

B-16　应用部分　APPLICATION COMPONENT　　　头一锅单县羊肉汤酒楼

主管　　　　　　　服务员

企业女员工工装设计规范

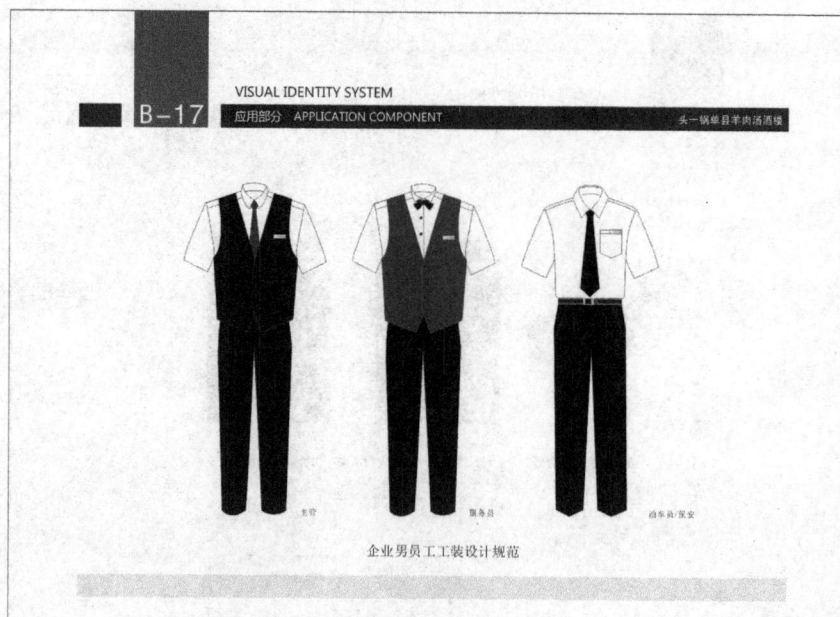

VISUAL IDENTITY SYSTEM

B-17　应用部分　APPLICATION COMPONENT　　　头一锅单县羊肉汤酒楼

主管　　　　　服务员　　　　迎宾员/保安

企业男员工工装设计规范

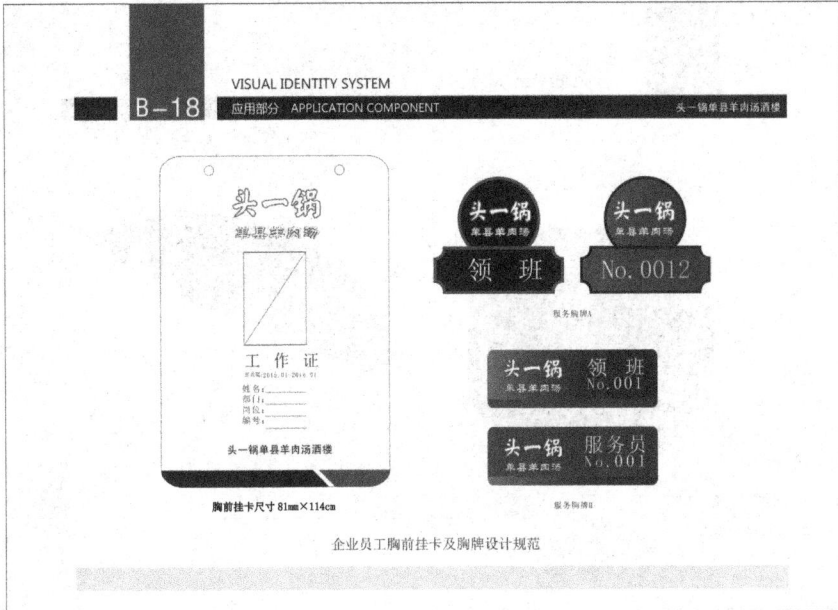

VISUAL IDENTITY SYSTEM
B-18　应用部分　APPLICATION COMPONENT　　头一锅单县羊肉汤酒楼

工 作 证

头一锅单县羊肉汤酒楼

胸前挂卡尺寸 81mm×114cm

领 班　　No. 0012

服务胸牌A

头一锅　领 班　No.001

头一锅　服务员　No.001

服务胸牌B

企业员工胸前挂卡及胸牌设计规范

VISUAL IDENTITY SYSTEM
B-19　应用部分　APPLICATION COMPONENT　　头一锅单县羊肉汤酒楼

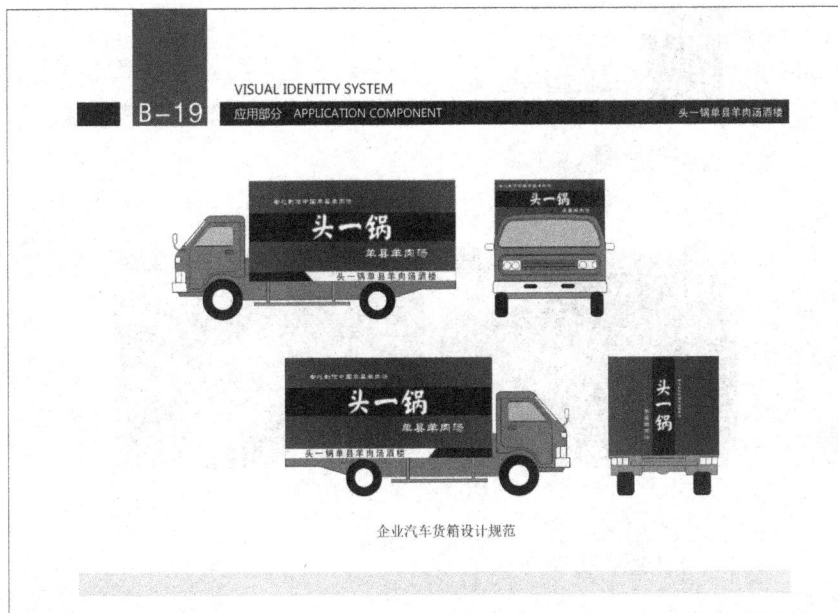

企业汽车货箱设计规范

23

VISUAL IDENTITY SYSTEM

B-20 应用部分 APPLICATION COMPONENT 头一锅单县羊肉汤酒楼

企业遮阳伞设计规范

VISUAL IDENTITY SYSTEM

B-21 应用部分 APPLICATION COMPONENT 头一锅单县羊肉汤酒楼

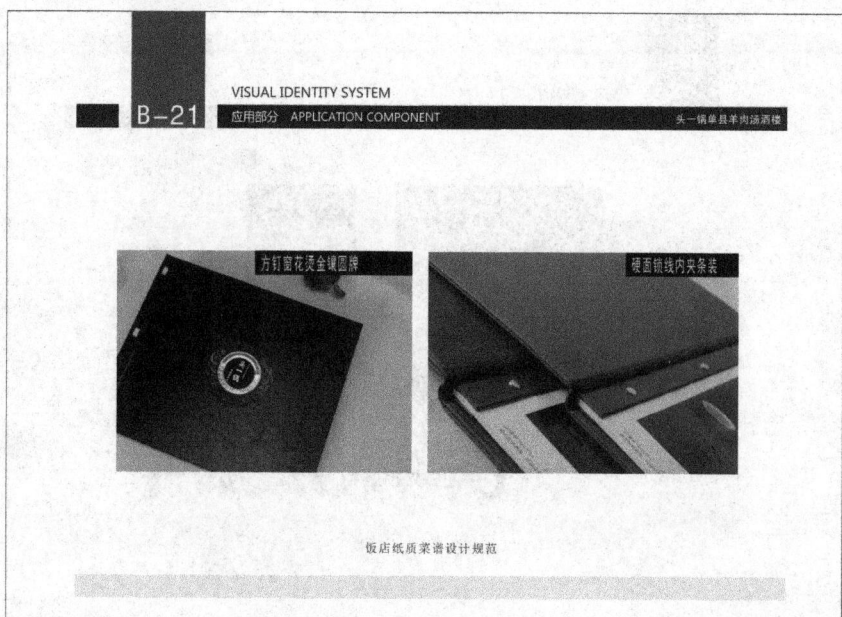

饭店纸质菜谱设计规范

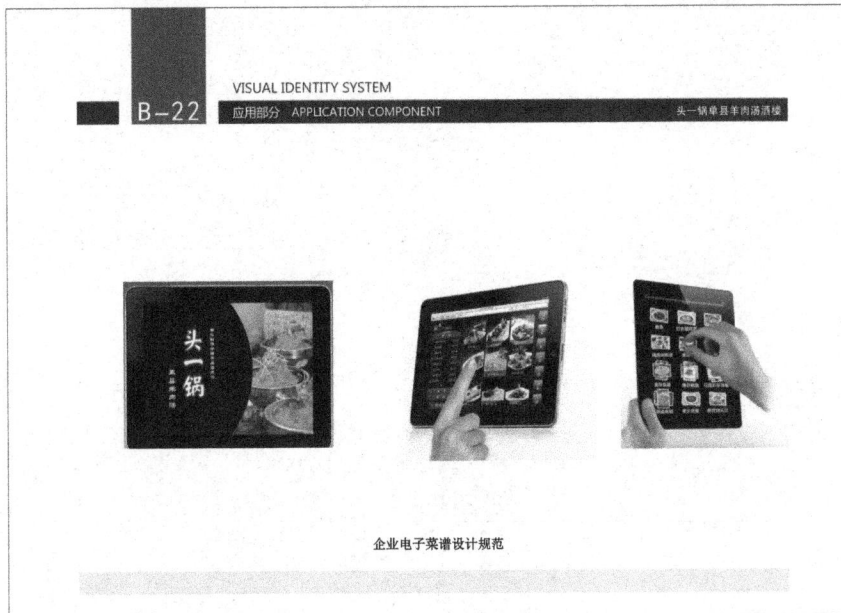

VISUAL IDENTITY SYSTEM
B-22 应用部分 APPLICATION COMPONENT 头一锅单县羊肉汤酒楼

企业电子菜谱设计规范

在单县羊肉汤这个品类里，没有比"头一锅"这个名字更有说服力的了。当地的顾客在形容最好的羊肉汤的时候，就是用"头一锅"来做标准。所以，我告诉姬总，以后即使我亲自到单县开羊肉汤店，也无法打败头一锅了。因为，头一锅占据了单县羊肉汤的"制高点"，几乎难以找到比头一锅再好的创意了。头一锅注定将成为一家百年老店。将来即使姬总退出经营，我相信很快就会有其他投资人接盘。我们在百度搜索中输入"头一锅"三个字，可以发现头一锅的使用率特别高，虽然他们当中的绝大多数并无权使用。

第二章

培训动员会

2.1 制订培训计划

为头一锅打造系统的管理体系，是在四年后的春天。经过四年的发展，头一锅在单县已经有了三家门店，创始人姬玉梅也从当初的餐饮小白成为老道的经营者，头一锅在她的带领下进步神速，已经是单县餐饮行业名列前三的知名品牌，在当地已经是无人不知、无人不晓了。这个时候，姬总意识到限制头一锅发展的短板是管理体系的支离破碎，如果想真正走出单县，必须要提升管理人员的工作能力，打造一支"铁杆"团队。

成熟的餐饮企业，在打造团队时往往按照这样的方式进行：招聘忠诚度较高的基层员工，通过系统培训和工作磨合提升他们的工作能力，使之对企业文化高度认同，熟悉和了解企业的标准、流程和制度，能够与其他同事密切协作，逐步成长为企业需要的管理人员。这样的用人机制，减少了高级管理人员进入企业产生的人事动荡，避免了人际关系的摩擦和矛盾，使管理体制更高效。为头一锅设计它的管理体系，也是按照这样的思路进行的。第一阶段的培训任务是提高现有骨干员工的基本素质，以他们为核心，打造头一锅的管理团队。第二阶段的培训任务就是在提高他们基本素质的基础上，尽快提升专业能力。

　　按照姬总的要求，参与受训的人员采取自己报名、交费参加、综合录取、统一考核的方式进行。因为需要自己交费参加，所以有些管理人员在犹豫不决中错过了报名期，失去了报名资格。最后确定的参加人员是：

姬玉梅　头一锅董事长

孟　州　头一锅总店店长

李明军　头一锅二店店长

姬超源　头一锅四店店长

高艳东　头一锅总店服务主管

杨红梅　头一锅总店服务主管

张娅慧　头一锅总店服务主管

张秀娟　头一锅总店服务主管

张喜梅　头一锅总店服务主管

郭东华　头一锅总店厨师长

张德举　头一锅总店明档主管

邢建领　头一锅总店羊肉汤主管

　　因为我是头一锅单县羊肉汤的总策划，了解并参与了头一锅品牌的整个推进过程，对头一锅的基本情况和管理人员比较熟悉，所以，由我来担任本次管理提升的主训导师。我们设定，"头一锅管理层证书班"分两个阶段进行。

　　第一阶段，定于 2019 年 4 月 1 日—4 日，主训内容为基本素质提升。

　　第二阶段，定于 2019 年 5 月 13 日—17 日，主训内容为专业能力提升。

本次培训的目标是，在两期培训内容结束后，使受训人员的思维力、表达力、执行力达到优秀管理人员的水平，拥有较强的团队领导能力，为头一锅下一步向外拓展奠定基础。

2.2　参训人员自我介绍

为了如实反映培训实况，完整了解头一锅管理团队的提高过程，我们根据现场录音，对培训内容进行了整理。

杨铁锋　首先，每个人在培训之前分享一下：想通过这次培训获得什么？为什么要参加这次培训？说真话，喜欢的可以，讨厌的也可以。现在开始，请大家主动发言。

张秀娟 大家中午好，我叫张秀娟，是前厅楼层主管。说实话我昨天看见这个信息的时候犹豫不定，因为我感觉这次学习的东西很多，有点杂，也不知道具体怎么样。看着他们一个一个踊跃地去报名交费，然后我就一直在思考这个问题，夜里都没睡好。对于要不要参加，我特别迷茫。之前我也打过退堂鼓，也跟姬总谈过这件事情，想回到最底层去做服务，但是想了想，加上姐妹们的鼓励，最后还是报名参加了这次培训，不是想着晋升什么的，而是想从迷茫中找到方向，就觉得多听听老师的教导，就知道自己应该怎么做了，这就是我的真实想法。

张德举 大家好，我叫张德举。说说我对这次学习的理解，我经历过几次创业的失败，所以只要有学习的机会我都会抓住，就是为了避免下次失败。在工作当中也是这样，我也会不断地给自己找问题，但是自己的能力确实有限，能看到问题但是不知道怎么解决，所以就希望抓住一切向老师学习的机会，我就是这么认为的，所以昨天就非常痛快地把钱交了。

高艳东 大家好，我是高艳东。我是想做好人事专员岗位工作。我在头一锅工作六年了，但是人事部这块做得不好，没有专业的规章制度和关于人事的流程，所以借这次机会想跟杨老师学习人事部该怎么建章立制，有哪些条件和要求，如何能做得更好，然后把档案和一些必备的资料正规化。企业越来越正规了，人事部不正规肯定会拖企业发展的后腿，所以我这次报名学习目的非常明确，就是要把人事工作做好。

姬超源 大家好，我叫姬超源。昨天听苗总说头一锅要进行一次重大改革，所以我必须得参与进来，其实这几天店里也挺忙，甚至有些晕头转向，但我相信通过这次学习，能够收获很多专业的管理知识，也希望能让自己再沉淀一下。

张喜梅 大家好，我叫张喜梅。我以前是不敢跟客人沟通的那种人，自己总是没有自信。所以姬总让我出去多做演讲，通过多次视频演讲和现场演讲，我现在和顾客沟通起来自信多了。所以我要抓住姬总给予的学习机会。

邢建领 大家好，我叫邢建领。我在厨房工作，一直想学习但是没有机会，我是非常崇拜杨老师的，这次听说姬总邀请杨老师为我们培训，马上就报名参加了。通过这次学习，我要努力提高自己，不拖头一锅发展的后腿。

郭东华 大家好，我叫郭东华。我也是杨老师的老学生了，几年前参加过 32 期的沣之道店长特训营。这次学习真的机会难得，虽然这几天特别忙，店里厨房正在做六常法管理，但我跟苗总说，肯定得算我一个。这次学习很重要，在这工作几年了，一直没有很清晰的管理思路，通过杨老师的这次培训，我想多学习一下这方面的知识，不明白的地方我会多提问的。

张娅慧 大家好，我叫张娅慧。好长时间没有学习了，我想通过这次学习，彻头彻尾地改变一下自己，然后带着自己的团队做一个全新的改变。不管这几天参加培训多么辛苦，我都一定会坚持下来的。

孟　州 大家好，我叫孟州。今天早上听大家说开会，才知道培训开始了。老听他们说上了杨老师的店长特训营收获很多，一直想参加，听听杨老师讲课，所以从内心来讲希望多学习，不断地提升自己。这四天我一定把时间安排好，全程跟下来，提高自己的"档次"，让自己有一个很大的变化。

李明军 大家好，我叫李明军。先道个歉，今天的通知是我理解错意思了，当成管理会了，以为培训是从明天早上开始呢！以前参加过杨老师的特训营，很多知识都用上了，自己的管理能力提升了不少。所以只要杨老师来讲课我就一定要参加，要跟着杨老师学习更多的东西，谢谢大家。

2.3 培训，是真诚的帮助

杨铁锋 好的，大家都已经做了自我介绍，对我们这次培训有了一个初步的认识。下面，我们先从仪容仪表开始。上次去郑州巴奴火锅用餐，我被巴奴震撼了！如果有机会你们去巴奴看看，人家洗脸都非常用心，那个衣服穿得真是干干净净！

上次调整你们的工装以后，我就知道上岗之后你们穿的鞋肯定不一样！伸出脚来让我看看。有红底的，白边的，黑底的……是不是不一样？你们大家再看看高艳东的脸色，明显不健康。高艳东要多吃水果，长期坚持，摆脱现在的这种亚健康状态，通过合理的饮食搭配，你脸上的肤色就会变得好看了。我们提倡大家每天多吃水果，喝酸奶，肠道就会变得更健康。

你们要学会好好地生活，咱们餐饮人这活儿特别累，特别辛苦，我们过的不是正常人的日子，人家正常是早上 7 点到 8 点吃饭，我们能吗？人家中午 12 点吃饭，我们能吗？人家晚上 6 点到 8 点吃饭，我们能吗？咱们越忙，就会越累越晚，可能得到晚上 9 点、10 点、11 点才能吃上饭。

我一直觉得餐饮人太辛苦，过不了正常人的日子。所以，大家既然已经在餐饮行业做了，就要慢慢学会对自己好一点。你要学会生活，你的仪容仪表一定要达到我们所规定的标准。原来我就给大家讲过，我们的头发应该多长。你看娅慧的头发就很好，前不过眉，侧不过耳，后不过领，很漂亮，虽然没有穿工服，但是脸色很好，头发也很利索，这很好。

咱们总说头一锅要培训，要把标准做好，要落地，你们说怎样才能落地呢？就是从仪容仪表开始落地。你们马上到改换工服的季节了，咱们工服订了吗？头一锅的工服要专业、标准、正规，不能随便买一套衣服就糊弄过去。

现在我们检查大家的指甲长短，尤其是第五个手指甲，如果过长，那就现场剪掉。

我告诉大家，我在这里跟你们讨论过的方法，你们回去之后，在你的团队中要去推行。这些内容不需要我们去背，只需要照着做就是了。也就是说，仪容仪表一定要达标，每一个人都要干干净净。

我们说，管理不是多么高深的学问，就是当你自己想要成为一名管理者的时候，你要从这些基础的、非常简单的事情入手。做餐饮没有什么高深的学问，都是些事无巨细的小事儿，我们需要的就是大家把这些小事成百上千次地做对、做好，这就不简单，也不容易。这些事儿看起来很简单，但要每件都做对、做好非常困难。就拿今天下午这个培训来说吧。姬总给我的通知，是下午两点半过来给大家做培训，但是你们有些人根本不知道是培训。你们说，如果一个企业连一个基本的上传下达这么简单的事情都做不好，那么如果有更复杂的事情能做好吗？在今天这样的互联网环境下，要把上传下达的事情做好非常简单。我们大家都在想，这件事可能他去做了，那件事可能谁谁去做了，最后可能谁都没有做。我注意到这样一件事，姬总昨天晚上在店长群里"吼"，说我们后门好像没锁是不是？当时我看了以后，我就在想这件事应该由谁来管？最后那个问题是怎么解决的？

现在，我们来现场整理一下大家的仪容仪表。为什么我让你们当面去做这些事情呢？就是想看看你们到底专业不专业，看看你们是否注意到了这些细节。

梳子拿来了吗？谁来给高艳东整理一下头发？我们来看看什么样的仪容仪表是合格的。娅慧给高艳东整理一下，德举给超源整理一下，都上前面来。原来觉得高艳东是那么利索的人，看看现在的头发乱成了什么样子。

春节之前，我给大家留的九个字，大家还记得吗？"高标准，严要求，真到位！"这九个字大家要背下来，融入你们的血液中。大家知道林依轮原来是做什么的吗？原来是厨师，干砧板的，切菜的。你们看看他的仪容仪表好不好？有什么样的仪容仪表，就有什么样的命运。你的仪容仪表决定了你的收入。这就是让你改变仪容仪表的原因。今天的培训会我们会提前结束，留出时间给你们，需要剪头的，需要换装的，你们自己整改去。

仪容仪表特别重要。你未来的一生能够走多远，在这个职场能取得多大的成就，不仅仅取决于你的专业知识，还取决于你的仪容仪表。在仪容仪表的内容里，还包括大家应该时刻保持的坐姿。现在我们来看看大家的坐姿。

我曾经在一次培训课上，遇见一个专门给航空公司做礼仪培训的女孩，她的坐姿让我感到震撼。连续三天时间，她就这一个姿势（斜腿30°端坐）保持不动，屁股仅仅坐在椅子的三分之二。她的这个坐姿吸引我给她拍了一张照片。她上身穿翠绿色的制服，下面穿了一件白色的裙子，脚上穿了一双黑色的皮鞋。因为她是做礼仪培训的，形体也好，身高大约175cm，很瘦，腰板溜直。一直保持这个姿势。在一群人中间，她显得格外扎眼。

那么，头一锅的员工能不能养成这样的好习惯？比如坐，你不能随随便便地坐。这样坐（东倒西歪）像什么？回家可以坐，没事，那么在人前呢？

大家坐的时候，如果不写字，可以坐二分之一，把腰挺直。来，我们试一试。男士把手放在腿上。你们彼此欣赏一下。还是我们刚才那些人，现在看看舒服吗？前期可能会感觉有些累，慢慢找到那种感觉后可以稍稍放松。这是参加会议的坐法。如果与顾客沟通时就不能这么坐了，而要采取这样的坐姿：女士要双腿并排，向左倾斜，右手放左手上面，然后放在右腿上；男士身体正直，双腿微微叉开，双手自然放在双腿上。

重申培训目的

杨铁锋　我在这里再次给大家介绍一下本次培训的目的。未来头一锅管理层岗位的人员选用，一定要在获得头一锅管理证书的基础上进行。也就是说，即使你业务好，资历比较深，在这个行业工作时间长，但如果你没有参加我们这个培训，或者参加培训但最后考核不合格，那么头一锅的管理岗位仍然和你无关。

哪些人才能成为管理人员呢？必须是经过严格训练的人，只有这样的人才能够成为管理人员。所以，我觉得这次你们大家是很明智的，能够参加这次培训，至少从现在来看，已经打下了一个很好的基础，而其他没有参加这次培训的人，将来在我们管理岗位的选聘上就可能没有资格了。

有的人不愿意做这个管理岗位，没有人勉强你。你可以选择做一个优秀的服务员，没有谁说你非得在这儿熬着，非得拼命地折磨自己，让自己不快乐。管理别人，对有的人来说是一件快乐的事情，对有的人来说却是一件痛苦的事情。那么让那些喜欢做管理、喜欢把管理作为不断成功、不断进步的阶梯而奋斗和努力的人进来，我们大家一起努力往前走。这样，头一锅才会更有发展，才会获得一个更好的结果。所以，这次应姬总要求，来给大家做一个系统性的培训，今天的培训内容比较简单，就是告诉你仪容仪表应该达到什么标准。

你们应该把那九个字——"高标准，严要求，真到位"，融入血液里。

你们也参加过很多的培训课程了，例如，有关感恩的、有关口才的、有关演讲的。但实际上，所有这些培训我们都需要落地，都需要进行分解，在日常工作中实践起来。你看我们从今天下午三点多到现在，一直在强调的是什么？就是你的仪容仪表。今天大家穿的衣服都不一样，我也不好给太多的点评，但至少呢，我是要告诉你们，你的仪容仪表对头一锅的未来非常非常重要。

姬总马上要给你们采购工服，我会给她一些建议。在头一锅的店里尽量不要穿 T 恤。我知道 T 恤穿起来方便，但是从顾客的角度，还有头一锅品牌的延展性来说，T 恤的感觉是不对的。

你们下次再来参加培训时，应体现出专业的感觉来，一定要穿上漂亮、干净的工作服。厨师菜品炒的好坏是一回事，工服穿起来是另一回事。你们在厨房里工作的时候能不能穿上皮鞋？北京某酒店有个郑大师，他今年 60 多岁，体重 130 千克，工服一直都是干干净净的，年薪达到 60 万元。你上人家厨房看看，任何时候都是干干净净的。

2.4　重要的内容，需要反复沟通

我们现在把大家分成三队，每队设立一名队长。同时，还要从三名队长中选出一名班长，每个队再选出三名队员。

班长的职责是：负责通知大家培训事项，带领大家完成培训中的各项要求，保证大家准时参会。

你们现在的身份是执行者，不能再对决策者指手画脚。什么要不你这样得了、那样得了的建议，都不要提。让你做什么你就做什么，要服从，做你自己应该做的事情！

从明天开始，我们就以队为中心分别开始训练，仪容仪表、礼节礼貌是我们每天都进行比赛的项目。你们要同荣同耻。只要有一个人能做到，其他人都可以共同享受荣耀；如果要是有一个人做得不好，其他人就都要共尝苦果。明天早上7点，我们要进行比拼，在仪容仪表、坐姿及营养搭配等方面，你们都可以拿出来跟我们大家分享，看看哪个队做得更好。我说清楚了吗？

郭东华　那我们明天穿工作服来吗？

杨铁锋　是，明天早上穿工作服，穿黑皮鞋。你们每个团队成员的服装、仪容仪表要规范。当然，你不愿意穿工作服也可以，自己去买一套西装穿。超源呢，你的服装是什么颜色的？

姬超源　黑色的。

杨老师　你的鞋有没有红色的？

姬超源　我有棕红色的。

杨铁锋　你穿红色的皮鞋会好看！

姬超源　我穿棕色的吧。

杨铁锋　呵呵，你要穿黑皮鞋。你还告诉我要穿棕色的。你弄个绿色的皮鞋穿上呗？

（大家哄堂大笑）

杨铁锋　你们女生穿什么样的衣服？

杨红梅　我们统一穿现在这样的工服，可以吗？

杨铁锋 我希望你们都穿西装。西装不是都有吗？白衬衣要统一。你看孟州，人家一直都穿西装。孟州穿衣服的格调挺高的，你看昨天晚上跟你们熬那么一宿，今天的西装还是那么笔挺。

你有什么样的衣服，就有什么样的未来。听起来，好像这个道理很简单，但是我告诉大家能做到真的是不简单。从现在开始，你必须要养成注重仪容仪表这个习惯。李明军穿得很利索，但他的衣服看起来像借的，你们大家看像不像？李明军，你这是哪一年的西装？

李明军 四年前，刚认识你的时候买的。

杨铁锋 既然穿黑色西装，你们就都统一起来，全部都穿黑色西装。说实话，我觉得生活在单县是一件幸福的事情，买一套西装才200元。使个大劲儿买一套呗，买两套也行啊。买一双皮鞋160元，西装200元，360元就可以打扮得利利索索，多好！

明天早上，你们的工装就要全部统一起来。这样，你们整个的精气神儿就有了。我希望你们把西装的这个穿着标准带到餐厅里面去；让所有人按照这个规范、这个标准去执行，这样好不好？

大　家 好！

杨铁锋 好。刚才的培训我们讲什么了？

张秀娟 仪容仪表、坐姿。

杨铁锋 仪容仪表包括什么？

张秀娟 仪容仪表包括服装、头发、指甲、鞋，还有坐姿。

杨铁锋 平时有时间，大家要去健身练练形体。超源说说，现在做俯卧撑能做多少个？

姬超源 四五十个吧。

杨铁锋 好，做一个我看看。你们三个队，每个队出来一个人比拼一下。

张秀娟 我们女生做蹲起可以吗？

杨铁锋 蹲起也行，两个蹲起算一个俯卧撑。我们这样，三个队进行比拼，输的那个队要发 100 元红包。红包由队长发，好不好？

来，有请超源。

（一队姬超源总共做了 42 个俯卧撑；二队张德举做了 58 个俯卧撑）

小娟，你做 85 个，你们就赢了。

（张秀娟带领三队做了 85 个）

杨铁锋 现在到了今天下午非常隆重的时刻了。东华，你们一队输了，现在把红包发了吧。

郭东华 我没有红包，我这微信上都没有钱。

杨铁锋 没有钱可以让别人发。看看你们这个团队谁愿意发？

郭东华 老李，老李有钱。

李明军 东华，作为队长，你得有担当。

杨铁锋 东华，我想知道，你是想让别人拿这个钱呢，还是想让别人垫这个钱？

郭东华 叫他们先垫上。

李明军 我可以先借给你，转你微信上。

杨铁锋 是这样，老李借你之后，你再转给他。对吗？

郭东华 李总，你发了不行？

李明军 我不能发，这是我借给你的。

杨铁锋 要不这样，明军，我给你们一个建议。既然你们是一个团队，每个人拿 25 元可不可以？你有没有意见？其他人呢？好，既然大家都没有意见，那就每人将 25 元转给郭东华。东华统一收钱，然后在群里发红包，按人数发 14 个。自己也可以抢一个。这也体现了团队精神。

（一队队长郭东华微信收款后，将 100 元红包发到微信群里）

杨铁锋　今天的培训即将结束，我们有请新当选的班长张秀娟讲话。

张秀娟　作为班长，我现在宣布几条纪律。第一，手机调静音。手机不允许有任何响动，不允许接打电话。哪个学员的手机响了，就由本人乐捐 100 元，队长连带 100 元。大家收到没有？第二，关于迟到的问题。作为班长，我会提前 10 分钟到，然后挨个发微信提醒大家。如果提醒后还没有按时到达，迟到人员本人乐捐 100 元，连带队长 100 元。所有乐捐收入全部以红包形式发到群里。第三，课堂上不准交头接耳，认真听杨老师讲课。大家都知道，杨老师亲自来到我们单县，为我们头一锅培训是很不容易的，很难得，大家要珍惜。如果课堂上随意说话，也要乐捐 100 元，队长连带。这样可以吗？

杨铁锋　你的想法很好，但是你的要求有些严厉，我们都感受到了。我不知道明天一旦有人犯错了之后，你怎么办？

张秀娟　我连带。

杨铁锋　我知道你会连带的，但是如果你要是执行不下去，会不会很尴尬？

张秀娟　你放心，我觉得会执行下去。

杨铁锋　好吧，你来决定。

张秀娟　只要是参加过沣之道特训营的人都知道沣之道的规矩。希望大家不要仅仅把这次培训当成形式，而要将这次培训当成咱们人生的一个转折点。说句实话，大家都是交钱参加培训的，目的是实现自己心中的目标，我希望大家一定好好对待这次学习机会。也可能是我要求过于严格了，但我的初衷是为大家好。谢谢！

杨铁锋　我声明一下，你们交的钱，可不是我收走的啊。姬总作为奖金还要发回给大家的。你别看你们交钱，这不白交，培训结束还要给你们奖励回去。杨老师不会拿这个钱的。

今天大家的感觉都很好，很热烈！明天，我很期待看到大家穿上西装的样子。我想看看大家仪容仪表统一之后是什么样子。明天早上起来之后，男士的胡子都要刮得干干净净的，女生要化淡妆，让自己变得与众不同。你要慢慢地学会把自己的仪容仪表整理到位。到那个时候，你会拥有另外的一个东西，它叫自信！比如，我们今天看见知名女演员，她们往舞台上一站，为什么那么自信？那是因为她们知道自己比大部分人漂亮，她的仪容仪表做得特别到位。人是可以靠"颜值"活着的，这个"颜值"不是天生的，而是通过后天努力，让装扮使自己变得与众不同。

注意，本次培训，大家每天需要完成的作业是对当天的培训内容进行归纳和总结，同时写出自己的所思所想。每人300字，发到我们的培训群里。没有完成作业，由本人、队长和班长每人乐捐100元，以红包形式发给所有参训人员。

明天早上7点，我们在这里不见不散！谢谢各位！

2.5　参训学员第一天的培训分享

张秀娟　头一锅的家人们大家晚上好，今天很高兴又参加杨老师的培训，另外还很高兴的是，自己成了一个班长，让我感觉自己身上多了一份责任。我自己想做的，我会把它给做好。今天杨老师给我们讲了仪容仪表的规范化，包括头发、衣服、鞋的规范，让我们领悟到，通过观察一个人的穿着打扮，就可以看出这个人是不是专业。自己的仪容仪表，代表着整个团队的气势。自己都做不好的事情，如何去要求别人？想要改变别人，就先改变自己，加油！

高艳东　大家好！首先感谢姬总给我们这次宝贵的学习培训机会，再次感谢杨老师风趣幽默的教学，同时感谢蒋老师和王老师的付出，还要感谢娟娟的担当，感谢郭厨的红包，感谢所有家人的陪伴。杨老师不愧是大师，不讲理论，直接给你改，指甲长现场剪掉，头发乱现场梳理；你没有精神，直接指导你现场演练，规范坐姿。我喜欢！这使我认识到，只有仪容仪表好的人才能有未来，仪容仪表就代表着你的好运气、好财气，它太重要了！深深地愧疚于自己以往的放任自流，不注重仪容仪表，是对自己的不负责任，对企业的不负责任，对客人的不负责任。仪容仪表是我们学习发展的第一步，所以要做好！总之，仪容仪表比想象中的重要得多。

张喜梅　2019年4月1日。首先感谢杨老师的精彩培训，再次感谢姬总给我们这次学习的机会。今天杨老师讲了仪容仪表课程，头发要整洁，服装要统一，工鞋要统一，要化淡妆，要多吃水果蔬菜促进肠道健康，另外还要注意坐姿。这四天，我会认真学习杨老师的课程，践行"高标准、严要求、真到位"的管理理念。活到老，学到老，想要成长就要不断地学习。许多成功的人士都在学习，我们有什么理由不去学习、不去成长呢？上次，姬总叫我们去练演讲，使我从以前不敢在客人面前说话，到现在敢于和客人沟通，有了很大的进步。这次希望自己能从杨老师身上学到更多的知识，我会积极配合我们的队长，绝对听话照做。杨老师的观察力非常强，我们发现不了的问题，杨老师一眼就能看出来。作为一个管理者就是要学会观察，只有能够发现别人发现不了的问题，才能去改正。

张娅慧　亲爱的家人们，大家晚上好！首先感谢杨老师的精彩分享，感谢娟娟的担当，感谢郭厨的红包，感谢所有家人的陪伴！杨老师的课程上有严肃、有快乐、最真实，通过分享案例让大家体会更深，我非常喜欢这样的课程。从头发到手指甲，从衣着服饰到坐姿，等等，无不提醒我们细节决定成败，没有对比就没有伤害！今天通过杨老师的培训，我认识到了自己的不足，深知自己离杨老师的高标准还有一定的距离。仪容仪表看似简单，真正让自己去实行的时候，还是有那么一点点不足。一个酒店良好的仪容仪表，能树立良好的企业形象，从外在让人对企业产生较好的感觉。当你给客户推荐一件产品时，客户首先是看你的外在，然后才去考虑是否接受你的推荐。一个人外在的仪容仪表不仅代表着自己，还代表着企业的形象。好的仪容仪表不仅是对客户的尊重，也是对自己的一份认可，可以让自己更有信心。特别是作为服务人员，自己的服饰得体，和客人沟通时就更能体现出客户的身份尊贵。

杨红梅　今天中午进行了第一次培训。感谢姬总提供机会，感谢杨老师的辛苦付出！今天主要学习了仪容仪表。以前学过很多次，觉得自己也会，但是，今天杨老师做了个对比，发现"会"和"做到"是两码事。通过细节，看到成败，今天杨老师就把仪容仪表细节化、简单化，用最接地气的方式表达出来。他从外部头发、服装、鞋、指甲、肤色、体型，到内里肠胃都做了细致讲解，并一一纠正。根据杨老师的讲解，店里需要统一以下标准。男士头发前不遮眉，侧不挡耳；女士头发要全部梳起来，干净利落。店内员工工服要统一，包括拉链、衣兜等细节也要统一。内在的一些个人问题，如肤色、妆容，都要符合要求。还有平时我们的肢体语言——蹲行坐立也要注意。虽然今天杨老师只是简单地说了一下，但经过我们现场演练后，气势顿时就不一样了。餐饮企业，员工是第一形象代表，服务员干净利落，客人对菜品质量就信任了80%，后期才能争取100%，进而达到吸引客人，留住客人，最终让其成为我们的忠实客户。今天由于时间关系，我们只进行了较为短暂的培训，后期的内容会更加丰富。感谢娟娟的勇于承担，做了我们的班长。也感谢郭厨、娅慧的勇于付出，做了我们的队长。一个小游戏，瞬间促进了我们每个队的团队意识，相信接下来的日子，每个人都会全力以赴，为自己的学费交一个满意的答卷。

张德举　大家晚上好！开口首先谈感恩。感恩姬总为我们提供学习成长机会，感恩杨老师及团队不远千里来单县为我们做培训，感恩有你们！昨天收到这次学习通知，当天晚上十点就把培训费用转给了姬总。

理由是：

1. 久仰杨老师的大名，一直未能有机会参加杨老师的培训，现在机会来了，我一定要抓住这次学习和成长的机会；

2.虽然要交培训费，但我是这么理解的，付出必定会有回报。我相信姬总的为人处世。我认为跟姬总做事比较"靠谱"。

今天下午，通过杨老师短短两小时的培训，我对仪容仪表的认识更加深刻。杨老师的课程，非常幽默，与大家的互动也比较多，课堂气氛非常活跃。大家在放松的状态下，发现和解决了我们平常不好面对的一些不良习惯。通过仪容仪表的学习，更加清晰地了解了自己以后该怎样做。我相信杨老师讲的，好的仪容仪表会给自己带来好运气，好的东西我们要把它融入血液中，越努力越幸运。同时，今天我也跟杨老师学了点养生之道，吃枣清肠，吃姜护肝，作为餐饮人的我们每天起早贪黑，更要注意饮食起居，要学养生之道，来保护我们的革命之躯。最后课程临近结束时，一个小比拼，简单刺激，好玩有趣。没有比拼就没有伤害，胜王败寇，通过这个小游戏再次提醒我们，无论做任何事，都要全力以赴，勇于担当。培训最后，班长宣布了未来几天的课堂纪律，虽然有点严厉，但我觉得挺好。没有规矩，不成方圆。还有一件事，今天托杨老师的福买了身西装。好多年不穿西装，买来穿上还有点小激动，穿西装的感觉真好，谢谢您。在未来几天的时间，我会全身心地聆听杨老师的课程。最后再次感恩姬总和杨老师。

孟 州 亲爱的头一锅家人们，大家晚上好！很荣幸能和家人们一起参加杨老师为期四天的培训课程。杨老师今天的授课，让我学到了很多。简短的时间内，实现了仪容仪表、礼仪素养、养生健康以及团队凝聚四个大项的落实工作，而且都是现场执行，确实出乎意料！以前只是听家人们说，杨老师的授课幽默、落地、明确，今天也算得到了印证。与以前自己接触的课程相比，杨老师的授课内容丰富多彩，讲的内容也正是大部分企业的刚需，企业都需要这种当机立断的方法，更需要发现问题、解决问题的能力。仪容仪表是每个企业发展之根本，关键的问题是如何长期地、一如既往地坚持下去。今天这个培训，也让我对头一锅的家人们有了一个深刻的了解，从不熟到熟悉，从不知到认知，每个环节都是那样的完美。通过今天团队的表现，更让我看到了家人们的担当，为了一个承诺，家人们把责任做到了极致，让我由衷地震撼。希望通过这次杨老师的授课，能让所有的家人们收获满满，在工作中发现问题、解决问题，并把所学用到工作中。同时，我已做好了准备，为了自己，为了家人们，更为了企业，让我们一起携手共进，打造真正的单县羊肉汤第一品牌！

郭东华 头一锅的家人们大家好！今天下午听杨老师的课，我学到了对餐饮行业来说最重要的事情就是仪容仪表，一定要做好。作为餐饮人，仪容仪表要是做不到位，会给企业形象造成不好的影响。说实话，这也是咱们餐饮人应该做到的，也是最基本的要求，希望管理者以后先管理好自己，否则就无法管理别人。今天也学习了坐姿规范，手指干净，头发整洁，工服一致。一个人的穿着，在很大程度上代表着以后的发展。

邢建领 大家好！今天，我怀着激动的心情去接受杨老师的培训。以前经常听大家说起杨老师，我也非常崇拜杨老师，所以开始的时候有点紧张。通过杨老师精彩绝伦、平易近人、和蔼可亲、真实有效的授课，我后来一点都不紧张了。今天是我第一次参加这样的培训。以前，我认为自己把产品做好就可以了。听了杨老师的课，让我重新认识到一个酒店的成功不仅仅要做好产品，还要在很多内在的方面做到位。我想通过这次学习，不断努力改变自己，让自己不断进步。杨老师今天讲了仪容仪表的重要性，以前我不太注重细节，包括穿着打扮、坐姿、个人卫生等，以后一定注意。我会好好把握这次难得的机会，努力学习，使自己不断进步。这是我第一次写总结，好多话难以言说，总之感谢姬总提供这么好的机会，谢谢杨老师的培训，我会珍惜，好好学习。

姬超源 昨天晚上苗总在四店吃饭，顺便提了学习培训的事。我当时觉得这几天忙得团团转，晕头转向地哪有时间去呢？晚上回到家，想起来正好可以通过培训开拓一下视野，平复一下心情。今天杨老师讲的仪容仪表课程，使我受益匪浅。在头一锅工作，我在仪容仪表方面已经改变很多了，自我感觉良好。经杨老师一点拨，发现还有许多需要改进的地方。头发要理顺，鞋要换成皮鞋。这些原来我也知道，可是自己太懒，不打理，有时也是因为不在意，觉得无所谓，归根结底就是自己对自己的形象盲目自信，不能严格要求自己。打理好自己的仪容仪表，树立好自己的良好形象是很重要的，头一锅的品牌形象就是我们每一个头一锅人的形象的集合，所以我们必须严格要求自己，不能拖后腿。

李明军 今天下午听杨老师讲仪容仪表，对服务业仪容仪表的重要性又有了一个更深的理解。仪容仪表代表了一个企业的形象，也体现出个人的精神面貌。仪容仪表整洁规范，给顾客的感觉就会不一样。

姬玉梅 首先感谢家人的信任，感谢孟总的全力支持，感谢王老师、蒋老师的忙前跑后！最最感谢的是头一锅的领路人杨铁锋老师！因杨老师几年时间始终如一的支持，才有为头一锅骄傲的头一锅家人。更因头一锅家人的付出与努力，才有我们如此好的平台。经过了四年半的夯实，我们必须快跑了！我们每个人心里都有梦，都有追求，我们速度太慢，我们的父亲等不起，我们的孩子等不起！从当下开始，让杨老师带着我们一路快跑吧！让一群人，一条心，一辈子在头一锅做成标杆。

第三章

养成做事到位的习惯

3.1 管理人员，必须要严于律己

杨铁锋 昨天晚上，我看了大家在群里的分享内容。虽然你们表述得很顺畅，但是坦率地讲，我并没有感觉到欣喜。因为你们太格式化了。你看你们写的那些内容，随便安在谁的名字上都可以，什么"久仰杨老师的大名，以前就听说杨老师授课幽默，培训很有意思，今天终于见到他老人家真容了；感谢姬总提供这样的平台，感谢头一锅给我们这么好的培训机会，我一定要争取在这样的培训中变得脱胎换骨，与众不同。"你看你们的表述，就是这么一个套路：感谢领导，感谢平台……感觉你们并不真诚。实际上咱们做餐饮，格式化的东西是需要的，但更重要的是真情实感，行就是行，不行就是不行，一定要学会正面回答，这个就是我们今天讲的——礼貌。

礼貌的体现一定以真情实感为前提。头一锅发展到现在，我陆陆续续给你们讲过几次做餐饮的方法，包括标准，每次你们都信心满满，说要坚决做到。你们的管理人员，都任命过好几个人了，但是每一次任命都很"短命"，新管理人员没上任几天就下来了。为什么做不到始终如一呢？时间久了，你们是不是都学会油滑了？**如果把油滑当作一种生活态度，这就很可怕。圆滑可以，但是你不能油滑。所谓油滑，就是这样一种生活和工作状态：生活不**

过如此，我只要能把它糊弄过去就可以，这就叫油滑。圆滑则不然，圆滑是在和其他人相处的过程中，我能够做到既不伤害到别人，同时又能够解决问题，使我们大家在这个团队当中能够很好地处理好彼此的关系。

"你看某人长得好看不好看？""嗯，我觉得他长得还是挺有个性的。"——他没说好看或者不好看，只说长得很有个性，这样的方法叫圆滑。油滑呢，就是不管谁来说，我这个工作永远保持这个状态，我的水平就没那么高，不管谁来批评，我们都是一套说辞。餐饮行业就是油滑的东西太多。我们大家想一想，头一锅在一起开了多少次会了？开会的时候慷慨激昂，开完会回去恢复原样，恐怕连两天都坚持不到。为什么？因为我们从心底根本就不信。油滑真的很可怕！

我希望你们都有自己的棱角，不要把棱角磨掉，要更加的有棱角。你们大家仔细想一想，我们的古人很有智慧。古人把铜钱制成了什么形状？外圆内方。为什么要外圆内方？如果要做成外圆内圆行不行？也可以嘛。但我的理解是，外圆内也圆这叫油滑，外圆内方这叫圆滑。圆滑是指人的内心要有原则，对待人，对待事，对待各式各样的人际关系，他都知道应该用什么样的方法去处理。外圆内圆就变成"万金油"了，随波逐流。你根本就不会把你想做的事情做到一个很高的标准。

生活中没有谁愿意和一个特别聪明的人或者在每一点上都要占到便宜的人交朋友。大家谁喜欢这样的人？"不喜欢"嘛。我们在生活中，最聪明的办法是做"傻人"，一定要让别人在你身上占"便宜"。你们说说，你们为什么愿意和姬总在一起？就是姬总总是让你们能够占到便宜。

（现场有手机响起来）

杨铁锋　谁的手机，是在提醒我吗？

高艳东 我关了啊。

杨铁锋 关了吗？我们是不是应该原谅这次的声音？艳东说关掉声音了，但是我们却听到了她的手机声。那么应该怎么办？

高艳东 我关成静音了啊！

杨铁锋 那是你自己的原因，和我们没有关系。然后怎么办？红包发了吧？

张秀娟 来，咱们一起发。

（三队队长张秀娟和犯错人高艳东两人一起拿起手机发红包）

杨铁锋 发完了吗？你们其他人着急抢红包吗？

张秀娟 着急也得等着。

杨铁锋 我在用这些方法告诉大家，一个细节可能真的会决定企业的成败。做得好是一个样子，做得不好就是另外一个样子。平时，我们餐饮行业做的就是细节。你慢慢要让自己养成一个严于律己的习惯，在细节上尽可能让自己做到完美，做到极致。我们从高艳东的身上看到的问题已经不是一个了：首先，她的衬衣不是白色的，其次，她的手机响了，然后一脸无辜，说自己已经把手机调成静音了。那静音了怎么还会响呢？这个响声也提醒我了，趁着我的手机没响，赶紧检查一下。如果我的手机响了，我得跟你们一样接受处罚。

3.2 说服，不是压服

下面我们来看看我们实力最强的"爷们"战队。在这里，有二店和四店的店长，有总店厨师长，还有羊肉汤厨师。以往是三个和尚没水吃，现在他们是四个和尚，就更没有水吃了，虽然他们都在努力地按照我们的统一标准严要求了。

超源昨天理发了吗？

（姬超源整了整发型）

杨铁锋　你就不能去把它弄利索了？你早上来的时候，脑袋后面还带了一个"缨儿"，你属鸽子的吗？你把头发弄得干干净净、利利索索多好。你看人家弄的（指着东华和建领说），干干净净的，这样多好。

姬超源　弄短了不好看，显得太愣。

杨铁锋　那你在脑袋后面弄个"缨儿"就舒服了？你再扎一根红绸子，就可以去"天上翱翔"了。你要是想不做，实际上还会找到很多借口。

东华，你昨天给大家讲规范了吗？

郭东华　没有。

杨铁锋　为什么呢？

郭东华　昨天回去接着就上班了。

杨铁锋　你从这里回去的路上也可以讲讲哪，肯定不可能在路上就上班啊？

郭东华　已经上班了。

杨铁锋　你还是想找借口。能找的借口太多了，比如你们四个人还不在一起工作呢。

郭东华　我就跟建领在一起。

杨铁锋　你看，你还没有他们两个人的电话呢，是不是？

姬超源　下午重新剪头发去。

杨铁锋　我觉得你们不仅仅是剪头发的问题，你们的工服能不能统一了？

姬超源　这是发的工服。

杨铁锋　你的工服是发的，他们俩呢？东华自己的呢？而且你们四个人衬衣能不能统一起来？白衬衣就是白衬衣，不要用黑扣什么的，东华能不能做到？

郭东华　能，买一套去。昨天你不是让我穿工服来？

杨铁锋　关键你得跟他们统一着装。你看人家邢建领都能穿西装，人家原来也没有。

郭东华　嗯，他有，我没有。

杨铁锋　那人家还能专门去买一件衬衣呢。你还能找出什么借口来？

郭东华　不是找借口。我穿这种工服，穿个衬衣不合适啊。

张喜梅　上班再换吧。

杨铁锋　对啊，上班穿这个，开会穿西装。你这个工服肯定是没有熨烫的，德举的衣服是经过熨烫了吧？

张德举　这是新的。

杨铁锋　新的没有熨烫？新的就可以不熨烫吗？那明军的衬衣呢？熨烫了吗？

李明军　没有。

杨铁锋　明军的衣服还挺贵的，十块钱三件吧（大家笑）。你那衣服，哎呦，还能穿吗？咱们总是在这些细节上做不好。咱们头一锅有没有熨烫机？

（大家说没有）

杨铁锋 东华，你们下午两点之前能把自己收拾得利利索索吗？你们一队每个人能自己花钱去买一套西装吗？

郭东华 能买。

杨铁锋 能买？你们知道去哪儿买吗？西装再买一套，你们四个人同意吗？东华，我今天还要替你当队长吗？昨天的罚款罚不下去，我帮你去摆平了；今天的西装还需要我替你做工作？

郭东华 那我问问大家。你们说说，我们统一自费买一样的西装，可以吗？

杨铁峰 对，征求一下大家的意见。

李明军 咱四个统一就行。

杨铁锋 你逐个征求一下大家的意见啊。你胆子大点！大点声音怕什么？

郭东华 超源行不？

姬超源 行。

郭东华 建领行不？

邢建领 行。

杨铁锋 你自己也没有问题吧，钱这次够吗？老婆给钱没有？

郭东华 今天还是得四处借钱。哈哈！

杨铁锋 咱们可以跟姬总商量一下，签一份特殊合同，把东华的工资分成两份，一份给老婆的，一份是自己的。东华，你给自己留点不行吗？

郭东华 这个问题不是钱的问题，是我们家里的事情。我侄子娶媳妇，我哥向我借两万元钱，我拿不出那么多，就出去又借了点，给他了。所以这个月特别紧张，身上没有多少钱。

杨铁锋 哦，是这样。明军一会儿给姬总打电话，帮东华借一千元钱，大大方方的。一千元够不够？不够的话就两千。找人多的地方把钱露出来，告诉他们：哥有钱。哈哈哈。今天下午，你们四个是一起买还是分头买？

郭东华 一起吧，不一起怕颜色不一样。

杨铁锋 好，你们四个一起去买。衬衣呢，买不买？逐个问问。

郭东华 肯定是一样，衬衣和西装一起买。

杨铁锋 衬衣买几件啊？

郭东华 衬衣买几件啊？老李。

李明军 我不知道。

郭东华 买两件。

杨铁锋 买两件啊。德举，昨天你的衬衣在哪里买的？

张德举 我没有去，这是我老婆买的。商场都有。

张娅慧 一套下来三四千元吧？一看就不一样，穿上好看。

杨铁锋 你们不用三千元，咱三百元就行。这件事情就算落实了。大家注意，我们刚才定了什么事？四个人一起去买黑色西装，两件衬衣，黑色皮鞋。东华，再逐个问问，皮鞋买不买？

郭东华 皮鞋就不买了吧，都是黑色的。

杨铁锋 都是黑色的吗？好吧，那鞋就不用买了。

郭东华 要想统一，店里就应该统一发。

杨铁锋 店里发再说店里的，你自己先大大方方的行不行？自己买套西装怎么了？我让你加强点记忆，店里发完之后，衬衣就不买了吗？

郭东华 本来就是，公司开会穿一样的都是公司发的。我这是说实话。

杨铁锋 那是什么公司？现在的服装叫杨老师培训服，不是工服。给自已买培训服，你现在能不能做到？

郭东华　能做到。

杨铁锋　没等怎么样呢，你先找出公司的问题来了。这不行。好的管理者，一定要大气一些。那你说我到这来给你们培训，能跟姬总说，我要穿西装，给我买一套西装。能吗？

郭东华　那你是老师，能一样吗？

杨铁锋　老师怎么就不一样了？

郭东华　老师到哪儿都是穿自己的衣服。

杨铁锋　那按照你的说法，我到哪儿，哪儿就得给买西装吗？那是不是头一锅公司不好，你看杨老师到这里来连一套西装都不给买？

郭东华　那参加你的特训营，都是你统一发的迷彩服啊！

杨铁锋　那是沣之道。

郭东华　都是公司啊，这是头一锅餐饮公司。

杨铁锋　那是给学员啊。

郭东华　这是给领导啊？

杨铁锋　好了，不许犟嘴。

郭东华　就是这样的。

杨铁锋　这事不说了。下午两点之前，你们买西装的事情能不能做到？

郭东华　做到是能做到，就是得请假去买。一会儿就到上班的时间了。

杨铁锋　现在是七点半，商场几点开门？

大　　家　九点。

杨铁锋　这样，我们其他人继续培训，你们五个男士开车去买衣服。孟州开车。你们现在身上有钱吗？

60

李明军 有。

杨铁锋 好。孟总带队,你们五个人一起先去把这事给办了!每人一套西装,两件白衬衣。行不行?东华行不行?

(郭东华点头同意)

杨铁锋 郭东华,你当队长就得大大方方的,总是处在被管理的状态不行。

郭东华 行。

杨铁锋 你得问他们行不行?

郭东华 行不行?

(五位男士点头同意,起身离开)

杨铁锋 好,那你们五位马上去,其他人继续培训。

大家起立,前后两排,列队。**我们现在训练的科目是:有效沟通。**请大家按我的要求调整自己的姿势。

保持良好站姿:脚后跟并拢,前脚掌分开45°,挺胸抬头,收腹提臀,双眼目视前方。

和我一同喊口令,并做出相应动作。

立正。向左看齐。向右看齐。向左转。向右转。向前看。稍息。

3.3 养成践行高标准的习惯

进度:第一阶段第二天下午

时间:2019 年 4 月 2 日 14:30

地点：头一锅公司会议室

形式：列队集合

我们现在训练的内容是：点评对方。你们之间相向站立，相互点评对方仪容仪表。问题在哪里，优点在哪里。每个人都要点评一遍。

保持良好站姿，前脚掌分开，目视前方。拍个照片，发到群里，看看头一锅用这种状态工作的时候专业不专业。

第一排听口令：向前一步走，向后转。高艳东站姿很漂亮，腰板挺起来了。小娟是不是吃多了？

你现在可以欣赏一下你对面的伙伴，看看对方的仪容仪表。不要不好意思，你嘴角上不要露出羞涩的微笑，尤其是姬超源。你一笑，我就觉得你思想上荡漾起了"春天的菠菜"。看着对方，眼睛平视。你们现在看看你对面的伙伴精神不精神？

大　家　精神。

杨铁锋　如果我们全体伙伴都能做到现在这个状态，漂亮不漂亮？

大　家　漂亮。

杨铁锋　这就是全国一流的餐饮管理团队应有的状态。东华，你能不能让厨房的人都达到这个标准？

郭东华　工服统一吗？

杨铁锋　对啊，工服一样。每个人都要达到这样一个饱满的状态，站好。能吗？

郭东华　能。

杨铁锋　大点声！

郭东华　能！

杨铁锋　有的时候，我们的管理团队之所以表现不出好的状态，这个障碍不在员工那里，而是在我们管理者自己这里。我们总是在想很多很多的方法，让自己从这里得到解脱，那就是在找借口。我们总是低估员工的觉悟，总是觉得大家不会很认真、很用心地把这件事做好。你不要低估他们。

大家眼睛目视前方，看着对方。大家保持良好站姿。我们大家一起把声音喊出来。刚才大家看到，东华在和他的团队成员沟通的时候底气不足，不敢用干脆利索的语言把自己的想法表达出来，这在现场管理上是大忌。

保持良好站姿！小娟的肩膀总是端着，放松下来。大家全体注意，跟着我一起喊：

"立正。向左看齐。向右看齐。向左转。向右转。向后转。稍息。立正。"

邢建领可以把自己的声音再调高一些。

每个人分别以队长的身份，带领大家做训练。带着大家一起喊口令。

好，继续保持良好站姿。

东华来点评一下你面前的五位女士，她们的仪容仪表是否合格？问题在哪里？哪些地方做得比较好？可以到她们跟前，从前到后，好好看看。平常也没机会到跟前，现在给你这个机会。如果你找不出问题来，那就我来找。如果让我找出来，那么我就罚你。如果你对我的观察不满意，我可以接受处罚。你要一个一个地点评。

郭东华　她们的衣服不整洁，衬衣不统一。杨红梅后面的衬衣出来了，"她"的衬衣不搭配。

杨铁锋　"她"是杨红梅吗？

郭东华　是张秀娟。

杨铁锋　杨红梅已经过了？再没有问题了吗？你好好看看。让你看你还不敢看了。

郭东华　还是说仪容仪表这块儿吗？

杨铁锋　是，你看她的头发合不合格？不敢看吗？脖子以上的地方你看看怕什么？而且还是从后面看。

郭东华　张秀娟的头发也是。

杨铁锋　让你挑杨红梅的问题呢。作为管理者，你虽然是在厨房工作，但是你也要熟悉前厅的卫生状况、仪容仪表。你要知道我们应该用什么样的标准来挑剔地看待别人，你们本身要养成一个挑剔的习惯。否则你看什么东西都挺好，那你的标准在哪里？我们这两天反复强调九个字，是哪九个字？"高标准、严要求、真到位。"你再看看我们现场的这个状况，高标准做到了吗？严要求做到了吗？真到位做到了吗？所以说，对于每一个人的仪容仪表，不是说你从后面粗枝大叶地看看就过去了，你要负责。你作为厨房的负责人，别人代替不了你的位置，你必须要用这个高标准来去要求你的员工，要求你的工作环境。姬总昨天晚上 11 点多还给我发微信，说她去小尾羊参观洽谈，很受震撼。你们看到了吧？她往回发了那么多照片。她突然之间意识到头一锅和这些好企业之间的差距了，尤其是厨房。即使厨房硬件全部更新，但如果你们的管理状态和标准达不到要求，再好的环境、再好的硬件也没有用。我们见过许多厨房，其实前期装修都很漂亮，也很干净，但是就是因为管理不到位，标准低，所以后来就变得越来越乱，越来越脏。我们如果习惯于差不多就可以，那厨房的管理状况就一定不行。所以，你就是要挑剔！来，从杨红梅这里重新开始。

郭东华 头发不合格。后面衬衣露出来了，不整洁了。

杨铁锋 前面的这个衣服也没有熨烫啊。站姿好不好？

郭东华 站姿可以。

杨铁锋 嗯，站姿很漂亮。好，下一个。

郭东华 张秀娟的头发也不合格，站姿没有杨红梅的站姿好。

杨铁锋 说到这里，我给大家一个建议，女生要轻妆淡抹，不要光画一个红嘴唇就完了。你看红梅就很好，她的眉眼都化了。你们都化了吗？

张秀娟 我季节性过敏，化不了妆。

杨铁锋 过敏是什么情况？如果能克服建议你想办法克服。再给你们一个建议，娅慧在化妆方面比较有经验，大家可以向她取取经。好，继续，东华。

郭东华 高艳东的头发后面没有扎起来，衬衣与其他人的不一样，后面的衬衣边也露出来了。站姿很不错。喜梅裤子不合格，站姿还可以，头发比其他人扎得好。娅慧是后面有碎头发，别的都挺好。

杨铁锋 喜梅的站姿头要正，站直了，王维去给每人发一本书，顶在头上。然后继续。

郭东华 娅慧头发不合格，优点是站姿很好。

杨铁锋 你去把你们男士全部看一遍，到前面去，每个人都点评一下。不是让你看完就完了。到跟前点评，告诉他应该怎么去改！你批评对方的时候要看着对方的眼睛。

郭东华 孟州，下午把衬衣换了，西装统一。

杨铁锋 你再批评批评老李。你老受他的气，现在给你机会，就是想让你"报复报复"他。你别看我，我又没有犯错误，你看老李，还可以吼他。

郭东华 李总，你的西装不合格。

杨铁锋 大点声！看你温柔的，你看着他，去他的"鸡蛋里面挑骨头"。比如他这身西装确实是时间长了，穿之前也没有熨烫。他的西装看起来不够挺阔。你看他的兜里，还放个手机。西服兜是"做样子的"，不能放东西。你把这肚子往回收一下。你再看看孟州和明军的衣服，谁的更专业一点？

郭东华 孟州的专业。

杨铁锋 你看人家孟州任何时候都是那么利索。是不是？知道什么叫专业吧？不是说换个马甲就不认识你了，应该是即使换了马甲，马甲也应该是干净的。姬超源，你这衣服在哪儿借的？这是工服吗？

姬超源 买了以后就开始长肚子，都合不起来了。

杨铁锋 张德举的西装可以不扣扣子。西装也可以在领子上加一个小装饰。有机会给你们看一个内蒙古赤峰市的酒店老总的照片，特别精神。他原来是上海一个五星级酒店的老总。说实话，和他在一起吃饭我都觉得自己很自卑，因为他在接待我们的时候，就在西服上戴了一个国际酒店职业经理人认证的金钥匙，这代表着他的专业和标准。他的一举一动，都透着专业和干练。

邢建领的小肚子，喝了几碗羊肉汤？这个西装也不行，买西装花了多少钱？

邢建领　忘记了。

杨铁锋　东华，你看我都点评完了，你再重新点评一遍。又愁了？折磨人多好玩啊：伤透的心一片空白。

郭东华　我都已经点评一遍了。

杨铁锋　继续，重新来一遍。

郭东华　超源西装小了，裤子往上提一下；德举很好；建领下午把这一套西装都换了。

杨铁锋　建领点评一下，你面前的五位女士谁做得最好？大大方方地看，不用偷着看。

邢建领　娅慧和红梅。

杨铁锋　感觉她俩好。哪里好呢？

邢建领　给人感觉很舒服，很有气质。

杨铁锋　想不想要一个她们的微信？

邢建领　想。

杨铁锋　现在特批你可以去加她们的微信。

邢建领　加了，从证书群里找的。

杨铁锋　你觉得她们五个人当中做得最不好的是谁？这个是得罪人的问题。

邢建领　张秀娟和张喜梅吧，但是感觉做得还可以。

杨铁锋　我让你挑一个，你这一下得罪俩。好，还是目视前方，站好。张德举你看一下这五位女士，谁的衣服最合适？

张德举　娅慧的。

杨铁锋　谁的衣服最不合适？

张德举　小娟的。

杨铁锋　超源，你觉得你面前五位女士，谁化的妆最好？

姬超源　娅慧。

杨铁锋　你想要她的微信号吗？

姬超源　我有了。

杨铁锋　知道你有，就不能绅士点？实际上你在说"想"的时候，是在给对方一个心理暗示，你在帮助对方建立信心。你要知道，这样的一个训练，会让这五位女士发自内心地想在仪容仪表方面做得更好。而且娅慧会更加努力，以后会做得比今天还要到位。这叫心理暗示。

好的，娅慧，现在权利交到你的手里。你觉得你面前的六位男士，谁的仪容仪表最符合头一锅的要求？

张娅慧　张德举。

杨铁锋　在你面前的六位男士，谁做得最不好？

张娅慧　姬超源。

杨铁锋　他哪里不好了？

张娅慧　他该减肥了。

杨铁锋　哦，减肥啊，他在四店一天吃香的喝辣的，怎么减肥？超源这一年是胖了还是瘦了？

姬超源　胖了。

杨铁锋　哈哈，超源还是没累着。大家累不累？继续保持良好站姿。五指并拢，大拇指放在食指第二关节处，中指贴于裤缝线，身体略微前倾。赵忠祥老师当年在介绍如何在舞台上让自己保持一个很好的状态时提到，人在讲话的时候身体略微前倾，这样出来的状态会特别好。你要是四平八稳地站着，人自然就会显得疲惫。好，休息五分钟。

杨铁锋　大家站好，我们继续培训。看看你们的仪容仪表，你们的腰带要是再统一一下就好了。大家再看看，现在你们的状态精神不精神？就是头发不利索，尤其小娟耳朵旁边的碎头发特别多。针对你的这个情况呢，我们也想出了一个办法。小娟，你可以站到王老师旁边，她来帮你解决这个问题。王老师带了刮刀，她能帮你刮整齐。高艳东脑袋后面的头发乱，怎

69

么办?

高艳东 过几天就剪了,今天还没来得及去,要不然还得请假。

杨铁锋 不用过几天。你希望怎么弄?

高艳东 我希望剪了。我也不愿意让它哗啦哗啦地,剪了利索。

杨铁锋 然后就推说没有时间?每天下午忙吗?告诉一声就去了呗,早点利利索索多好。娅慧也是这个问题,头后面有碎发。高艳东,你可以看看东华,看看东华精神不精神?

高艳东 精神,哪都精神。

杨铁锋 哈哈,郭东华长这么大,还没有哪个女生这么夸自己精神吧?高艳东,你再看看别人。

高艳东 都精神,就是姬超源衬衣上面的扣子没有扣。

杨铁锋 超源,你的领带没有系好。扣子可以不扣上,但是领带得拉紧。你们现在知道什么叫高标准了吧?高标准不仅仅是嘴上喊出来的,也不仅仅是天天在一起稀里糊涂地油滑混日子。高标准是怎么来的?

张喜梅 是做出来的。

杨铁锋 高标准是做出来的。红梅,你觉得呢?

杨红梅 高标准就是通过工作细节坚持出来的。

杨铁锋 如果今天上午不坚持,你们稀里糊涂地就回来了,还是拿原来的工装来糊弄。看起来好像是你们坚决执行姬总的建议,但结果会怎么样?

杨红梅 还是达不到你要求的标准,得到的也不是自己想要的结果。

杨铁锋 是啊。你们回来只要有一个漂亮的借口就可以。姬总都说了,让你们还穿原来的工装,你们有很好的借口。在企业管理中,最忌讳的是什么?就是你不坚持层次管理。谁让你去的,你就要听谁的。你看头一锅的管理"乱象"，一直得不到很好的解决，就是缺少层次管理。那天晚上，连门锁都找不到一个合适的，那不就是管理上的失控吗？你们参加店长特训时我给你们讲过：企业中最常见的现象就是"管理人员有病，但却让员工吃药"。问题本来出在管理人员身上，我们很多人却要把板子打到基层员工身上。那天是不是典型地让员工吃药？这很可能就是我们头一锅的整个管理体系有问题。

对于头一锅的管理问题，到目前为止我都不知道你们到底谁负责。你们到底谁负责啊？等姬总明天回来我还会再问一遍，到底谁负责。二店我知道，那是李明军负责，四店是姬超源负责，我相信像门锁这样的问题不会发生。那咱们总店到底谁负责？

张娅慧　张茹是店长。

杨铁锋　张茹是店长？按理说应该是她负责是不是？

张娅慧　是。

杨铁锋　那她负责吗？张茹现在明确了是店长？

张娅慧　已经公布了。

杨铁锋　是正的还是副的？

张娅慧　开会说是试用期三个月。

杨铁锋　又是试用期，你们在一起工作都已经六年了，还试用什么？

张娅慧　她需要学习。

杨铁锋　那不就是说张茹做店长是拿我们这个店去学习吗？店长应该是学习合格了再上岗啊？具体的事情我就不说了，一说起来你们容易上火。一说具体的事情，你们的脸上就开始浮现出焦虑的表情。幸福感没了？但是这种事情又躲不过去。

杨铁锋　我们换一个话题。头一锅的洗手间是个大问题，你们感觉呢？咱们头一锅仅仅在单县比较知名，外地的顾客来得不多。如果头一锅要是走出单县，走到济南，走到北京，我估计没有几天就得让人给打回来。为什么？因为顾客不仅仅是吃你的特色，同时还看你的环境，看你的仪容仪表，看你的管理水准，是不是能够达到人家所预想的标准。一旦有了名气，你绝对不可能瞪眼睛说胡话，只能是做到什么就说什么。头一锅的洗手间问题必须要解决，这是一个工作标准问题。你们的洗手间合格吗？超源，你仔细想想你店里二楼洗手间合格不合格？

姬超源　不合格，和单县平均水平差不多吧。

杨铁锋　对啊，你为什么不能超出单县的平均水平呢？我们现在所做的一切，就是要超出单县平均水平！今年春节前，明军拉我们几个去你那儿喝羊肉汤，一到二楼，迎面而来的就是一股味儿。（大家笑起来）你们别笑，咱们的旗舰店也这样，高艳东你感觉是不是这样？

高艳东　是的。

杨铁锋　你们天天搞卫生，我不知道你们卫生间的卫生归谁管？你们能不能看见？红梅看见没有？我知道，如果天天看就习惯了。

杨红梅　是，刚开始也提意见，就是没有坚持。厕所门锁不上，三个蹲坑就两个能用，特别是男、女卫生间的位置，是男在外、女在内，男卫生间门坏了，女士路过很尴尬。开始也提过，后来没有坚持，就不了了之了。

杨铁锋　天天看呗，路过都可以参观一下。

（大家笑）

杨红梅　后来就习惯了。类似的问题都提过，但是没有解决，达不到想要的效果。

高艳东 这次做品牌提升，我们要重新装修。

杨铁锋 我们现在说的是卫生问题，和装修有什么关系？卫生问题是你们的工作不到位，装修问题是你们的硬件要提升，两者不是同一件事。难道装修不到位就可以让卫生不达标吗？不是的。

高艳东 刚才红梅说的是门啊。

杨铁锋 但是在门之前呢，我们说的是什么问题？这么说是可以避重就轻吧？卫生是卫生的问题，装修是装修的问题。装修需要整体投资，卫生是我们作为管理层来说，平常要管理的工作。这是两个问题。假设，一个门坏了，把门修一下能花多少钱？

杨红梅 花不了多少钱。

杨铁锋 是吧？如果我要是头一锅领班，可能会直接找个维修的，自己掏钱把门修了。你想想如果自己把门修好，姬总会不会给你报销？她会说不行，这件事我就装作看不见吗？会吗？

杨红梅 不会。

杨铁锋 明军那里的洗手间干净不干净？

李明军 我们那里没有异味，每天下班后都用热水烫。

杨铁锋 用热水烫？你看这多好。哪来的热水？

李明军 我们每天洗碗后用过的热水。没有油的那盆。

杨铁锋 姬超源，你那里把热水端到楼上费点劲吧？

姬超源 我们的热水直接进下水道了。

杨铁锋 哦，直接流走了！但是你的主要问题不是找不到谁来搞洗手间的卫生吗？现在谁来清理洗手间？

姬超源 刷碗工兼职清理洗手间。

杨铁锋　兼职啊，那她的刷碗水也舍不得拿到楼上啊？

姬超源　她有时候也用开水烫。

杨铁锋　那怎么越烫味道越大呢？

姬超源　你这次再去看看，没了。

杨铁锋　这可是你说的，那我们什么时间去看？

姬超源　早上散了会去看就行。

杨铁锋　既然你邀请，那我们挺喜欢干这活儿的。检查卫生我非常擅长。你的卫生很合格吗？

姬超源　比以前强点。

杨铁锋　别说以前，就说你现在是否合格？

姬超源　合格。

杨铁锋　那我们检查不合格怎么办？

姬超源　每个人的标准肯定不一样。

杨铁锋　我们头一锅的标准应该是一样的。你们大家说一说，头一锅的洗手间应该是什么标准？

张娅慧　无污渍、无异味、无杂物。

杨铁锋　你看这不三无吗！如果要是有问题怎么办？

姬超源　没问题。

杨铁锋　我相信。但是如果要是有问题怎么办？扣除100元奖金？

姬超源　如果没有问题，也拿100元奖金，奖给我们打扫卫生的员工？

杨老师：可以，没问题，这事我来和你打赌。我去查，我就不相信，你简直瞧不起我，我还能让你没问题？

（大家哄堂大笑）

姬超源 卫生间很简单，它就那么一小块地方，打扫起来没问题。再上好手纸、加满洗手液，应该就没有问题了。

杨铁锋 我们就检查这三点，没有其他项目：1. 无污渍；2. 无异味；3. 无杂物。我来和你打赌。如果到你那里一看，确实达到五星级标准，放心，100 元我掏。

姬超源 洗手间怎么也达不到五星级标准啊？三星级都不够。装修的档次在那儿呢。

杨铁锋 我说的是卫生标准，你别转移到别的地方。

姬超源 而且，中午特别忙的时候，二楼供不上水，没水，冲都没有办法冲。

杨铁锋 忙的时候我们不去，时间你选。你说定什么时间？

姬超源 九点到十点那会儿不忙。

杨铁锋 这个点就是最干净的时候？那我告诉你，明天上午九点半，我们从这里开车过去。这样可以不？你可记好了。

姬超源 好的。

杨铁锋 咱就 100 元。你想不想多赢点？

姬超源 哈哈，可以了。

杨铁锋 头一锅的洗手间问题还真是大问题。上次去某个知名商场的洗手间，人家那个洗手间就很漂亮，地面干净，门很宽，蹲位之间也宽，隔板颜色舒服，看起来档次高。我把那个洗手间照片拍给姬总了。

当我们来检查一个餐厅卫生是否合格的时候，它的重点有两块：一块是厨房，这毫无疑问；另一块就是洗手间。如果我们的洗手间能达到没有异味、没有杂物、没有污渍的要求，那么我们的餐厅整体不会差到哪里去，餐厅的标准是平均的，互相影响的。也就是说，一个员工做得很好，你们前厅其他人就都能做得很好，那我们餐厅的所有人也能逐步按照这个标准去做。

我知道，厨房的日常管理真的很难。我在这里动嘴说说可以，如果去现场天天像你们那样去干，我肯定受不了。大家一直就是在这个环境里生活，已经习惯了原有的标准和方法，突然间让你换一个标准，你肯定有点受不了。改变方法就是我现在用到你们身上的这种，每天慢慢去提升，大家慢慢就提高了。你做什么，怎么做，通过什么样的方式来检查，长期坚持，大家也就习惯了。我们说的"高标准、严要求、真到位"指的就是这个意思。

3.4 态度，比能力更重要

好，大家站好。我们现在讨论一下做事的态度问题。

先跟大家说一说形体训练的事，像建领、超源，你们这些稍微胖一点的人怎么办？建领的那个肚子是很容易瘦下去的，给你个建议，你每天早上空腹吃上两根黄瓜，然后再来两杯温水，肚子很快就下去了，体重至少能降三到五斤。还有超源也是。

每个人整理一下仪容仪表。在军姿训练科目中，最重要的两个字是：服从。通过军姿训练，你们的自身形象得到改变，回到团队你们的伙伴看到后也会从内心里渴望改变。这是化学作用，你在通过对自己的约束影响其他人。

看看你们现在的状态。平常怎么看都是一帮游击队员，今天怎么看都是正规军。是不是？

大家分别探讨一下你们发生的一些变化，包括你的身边人有何感受？那些没有来参加培训的管理人员后不后悔？

你们看看，服装和仪容仪表重要不重要？仪容仪表这件事看起来简单，我们大家都知道怎么做好，但是大家做得并不好。今天还仅仅就是你们 11 个人做了这个改变，假如我们所有的员工都是按照这个标准去约束自己，你们估计头一锅的变化大不大？那个时候，顾客是不是会感觉头一锅这个品牌与众不同？

如果头一锅用这个状态去和那几个对标企业坐到一起，你们说头一锅是不是最牛的？从顾客的角度看，头一锅是不是最好的？

我希望，你们把这样一个好的想法、做法带到各自的门店中去，用这种方法去约束你的员工。大家能不能做到？

这次培训，姬总让你们拿一千元钱的目的是什么？就是想制造一个门槛，让那些愿意跟着企业成长的人，愿意给自己投资的人进入这个训练营。你看姬总没有在你们那个群里动员，晚上 10 点以后交钱报名的没有让进，就是有意识地在制造一个门槛。

如果你心中没有成功的欲望，而是别人捧着你去成长，那怎么可能成功？

成功的厨师长，要给自己定做一件厨师服，左胸前定制一个徽章，代表着咱是经过培训的。厨师长有三件宝：勺子、本子和笔。勺子用来随时随地尝味道，本子用来随时随地记事，再来一支笔，把你的想法和创意写到本子上。你自己想象一下，厨房里干干净净的，你穿着皮鞋在厨房里工作，那种感觉得有多爽。厨师在厨房里工作，最大的毛病是把盘子里面的水直接倒在地上。厨房里面的脏主要来自两个地方：一个是初加工，是整个厨房脏的源泉；还有一个就是厨师习惯拿着盘子向地上倒水。在水多的地方，还直接用水去泼。就这两个习惯，让地面变得很脏。如果地面很干净，你每天把皮鞋擦得锃亮，裤子穿得笔挺，上身穿一件戴徽章的厨师长服装，高帽子一戴——你感觉这样的厨师长怎么样？舒服不舒服？人是衣服马是鞍，中国老祖宗给我们总结出的这句话，你看多准确。你穿一套漂亮的衣服，你的仪容仪表变得与众不同，那就像马配了一副好鞍一样。我们今天出门要有一辆好车，过去古人出门要有一匹好马，然后为这匹马配上一副好鞍子，人坐到马上就踏实了，自然而然就有自信了。

你们仔细想想，关于仪容仪表，杨老师用了什么办法让你们变成现在这样的？我知道，今天早上让你们去买衣服的时候，你们心里会有那种逆反、不舒服的感觉。但是通过这么一折腾，你是不是从心里感觉在自己身上投资很值得？

你们将要面对的任务，是要带动自己的团队去实现这个目标。那这个目标如何去实现呢？如果面对员工说我就不去，就不做，你怎么办？你们想想杨老师用了什么办法？——其实主要的方法就是死缠烂打：你做不到就是不行！就没完没了地，通过各种各样的方法阐述这件事情的重要性。如果你还做不到怎么办？那我就亲自帮你做。在这个过程中不断地去说去做，慢慢地大家的标准就高了。

从表面上看，我们是在整理穿着打扮，但实际上我是在教给你们一种方法：如何有效地沟通。我没有说破之前，你们可能还领悟不到。沟通是从哪件事开始的呢？就是从欣赏对方开始的。你想去改变人，想让别人通过你的行为、通过你的语言受到启发，怎么办？就要先去欣赏别人，然后给对方一个衷心的赞美。刚才你们给别人的赞美是不是发自内心的？当你们发自内心地赞美别人的时候，他接收到了没有？他接收到了，舒服不舒服？这个时候对方再给你一些其他的建议，你愿不愿意接受？愿意吧？这个就叫作沟通。

3.5　让管理人员拥有自信

我们这个训练，看起来好像是让大家换上新服装，让你们互相欣赏，但实际上，沟通的方法已经告诉你们了。最好的沟通就是这样的：欣赏你的伙伴，给予对方一个适度的赞美，然后去改变。你们只要有一点进步，我就在不断地欣赏你们，不断地赞美你们，你们就从主观上越来越想把这件事做好。

这样的一个沟通的方法，可以让你们一点点地建立信心。建立信心对于管理者来说是特别重要的。你们可以相互看一下对面的"小伙伴"，现在他们的自信心强烈不强烈？你们可以自己感受一下，自己的内心自信了吗？相信自己是能够做好的，不仅仅是停留在嘴上，而是从内而外地展现出来的。

一个管理者如果没有霸气，怎么能叫管理者？真正的管理者，有很多人可能会依靠你来生活。如果你没有那种霸气，他们怎么靠你生活？虽然我知道你们有人以前开过店，也亏损过，但是我相信在头一锅，你完全可以找到自己的位置，一定没有问题。每个人都是在不断的失败中走向成功的，谁没有失败过？杨老师是经历过很多次失败的人，不然杨老师也不可能从事现在这份工作。当餐饮老板有问题问杨老师的时候，因为杨老师曾经失败过，这些问题都遇到过，所以，很容易就帮着解决了。

2014年，姬总和明军从济南开车把我拉到这个酒店，从来到走一共三天时间，我帮助他们确定了头一锅的特色，起了头一锅这个名字，做了头一锅牌匾，很快就找到了头一锅当时的"病因"。实际上，当时一看到店面，我就知道头一锅是什么毛病了，用不着市场调研。为什么？经历过失败啊，失败会带来很多教训，这些教训会告诉我，哪些路是错的，哪些路是对的，怎么走会把路子走通。所以说失败是老师，是非常好的基石，不要怕失败。

人必须要有欲望，你才会永远走在成功的路上。即使遇到一些困惑，那怕什么，很正常啊。你们大家说，我们这次过来做这次培训，姬朋应不应该来参加？应该吧。那为什么不来参加呢？没错，他没有欲望。

我有一次在给一家连锁企业的加盟商做培训的时候，问他们：在河南郑州，海底捞遇到的最大阻击是哪个企业？嗯，是巴奴。那么在河北石家庄，你们可不可以成为海底捞的阻击者？你们敢不敢？他们从总经理到加盟商都说，杨老师，我们没有想到啊，我们从来没有想过要去跟海底捞"掰手腕"。后来我又给他们一个忠告，我说做一个成功的企业，**最重要的不是资金，不是系统，不是产品，不是品牌，而是野心！**你想都不敢想，战胜对手就是不可能的事情。

我这两天打了两次出租车，上车后就问出租车司机：在我们单县，如果想喝羊肉汤上哪里去喝？司机告诉我，单县喝羊肉汤，主要是去三盛和、三义村、头一锅这三家。老百姓的眼睛是亮的，他就给我们总结出来了，单县喝羊肉汤就这三家。2014年我们第一次到单县来的时候，我给姬总的建议就是我们要做羊肉汤。姬总很担心，说旁边200米的那个是百年羊肉汤店。人家都一百年了，咱们能干过人家？我说他那个店不是竞争对手，没问题。姬总当时还不信。说这话的时候是2014年8月。2014年10月，头一锅开业。2015年2月过春节的时候，我带着参加沣之道培训的几个餐饮老板到这里考察学习，姬总悄悄告诉我说：杨老师，那个百年羊肉汤今天关门了。你们看看，姬总那么善良的一个人，看见人家店关门她也会发自内心地高兴，哈哈。

这意味着什么？意味着有野心。你们也一样，你们内心里有没有这个野心？如果你们没有这个欲望，仅依靠别人是肯定无法成功的。

好了，现在大家整理一下自己的情绪，看看自己是不是变得自然了，轻松了，该做的是不是做到位了？注意你们的站姿，头正、身直、抬头、挺胸、收腹……

今天是培训的第二天，我们大家的状态在一点点地建立起来。大家开始变得阳光自信，而且相互之间的伙伴感觉建立起来了。让你的伙伴也和你一样优秀，这是我们现在开始面临的问题。毫无疑问，你们已经走好了第一步，后面我们要走第二步。我给大家一个建议，一会儿大家排着队，女士在前，男士在后，你们什么也不用说，就是从头一锅总店的一楼走进去，到二楼转一圈，然后再走到三楼，从三楼走下来，再去厨房转一圈儿。见到任何一个人，不管是顾客还是员工，每个人都要发自内心地去说声："你好！"王维全程录像，我们在后面跟着你们，你们看看员工看见你们会是一个什么样的表现？他会不会向你行注目礼？

大家听口令，向右转！目标：头一锅老店。齐步走！

（受训人员全体走向头一锅总店，一路上不断问好。周边行人好奇地看着他们。进入头一锅后，店内员工深受感染，笑呵呵地和每一个人打招呼。按计划走完后，全体人员在门前集合）

杨铁锋 刚才的感觉很爽吧？你们在用你们的标准去征服其他人。一个团队，保持状态很重要，靠纪律去约束、靠制度去管理，但那个仅仅是外在。自己对自己的约束才是最重要的。当你们内心去认可这套东西了，发自内心地去喜欢它，自然而然地用这种理念、这种方式去约束你们所面对的一切情况的时候，毫无疑问，你们就成功了。对于企业来说，什么叫作专业？因为用心，所以专业。我们大家即使在做一件简单的事情，也会这么用心地去做，达到很高的标准，那么毫无疑问你们就是最专业的。

一会儿，我们依然排着队走回办公室，女士带队，相互之间注意好彼此的距离，不要落队，不要说话，不要开玩笑。我们走的时候，可以向一路上的任何陌生人打招呼。和你的"敌人"握手、拥抱，这叫风度，你们要把这样一个好的风度带到工作中去。你们现在正在成为明星。

3.6 参训学员第二天的培训分享

张秀娟 时间过得好快，我们一天的学习、工作又结束了。先讲讲我今天的学习感悟，有以下几点。1.上午几位女士出去买工服的时候，都是按着自己的想法去做的，违背了杨老师的要求，尤其中途姬总说让我们穿原来的服装，于是就彻底放弃了和杨老师的约定。从这件事情上看，我们的执行力不强的问题还很突出，上级的指示传达执行不下去。原本很重要的要求，传达到员工那里就几乎什么都没有了。2.仪容仪表非常重要。好的仪容仪表能够给我们带来自信。

高艳东　今天的感觉真的很好，我们都穿上了自己感觉最好看的衣服，头发也被王维老师整理得一丝不苟，非常到位。到店里走一趟，路上很多人都来看，感觉特别自信。晚上开餐时，给客人点菜也自信了很多，好多人都说我变帅了，精神了，我心里也很美，感觉自己像换了个人。好的仪容仪表真的带来了想象不到的效果！收获：管理来自沟通，沟通之前先欣赏，只有欣赏才会有认可，才会沟通有效，达到预期效果。

张喜梅　今天早上，我们的衬衣都不合格，然后杨老师让我们去买衬衣。穿上以后，结果就不一样了，每个人都精神饱满。有好的仪容仪表，才有好的工作状态。我们每个人都对别人做了点评，这样便于我们尽快改正不足的地方。

张娅慧　今天是正式培训第一天，虽然睡眠不足，但想想老师比我们更辛苦，于是又为自己打气。和其他几位领班去买服装，看到衬衫的时候，犹豫了一下，察觉到这件衬衫穿在身上会不利索，但是最终还是把衬衫买回来了。也看到了头一锅"男神们"的变化，因为服装上的一个改变，他们显得特别利索干净，相信在之后的工作中会更加自信。站姿训练时间很长，确实有点累，但是想想过程还是很好的，坚持就是胜利。下午，仪容仪表基本上全都合格了，但是女士头发还是需要稍微修理一下，细节决定成败。通过上台点评站姿，让被点评者更加自信。在点评别人的时候，我也是真心地把赞美表达出来，向优秀的人学习。通过杨老师的培训，大家排队去总店展示的路上，能感觉到路边人在用欣赏和美慕的眼光看待我们。希望我们能坚持下去，真正做到杨老师的"高标准、严要求"！

杨红梅 今天是正式开始培训的第一天，一天下来，感觉收获满满！昨天晚上，我们几个女管理人员一起讨论，约定大家一致穿工装，尽量整齐划一。早晨来到办公室，看大家穿什么的都有，而且每个人都觉得自己挺好，结果显而易见，乱糟糟的一片！这种问题的发生，是因为我们对企业的工装标准不清晰导致的。事实往往不是我们以为的那样！接下来，按照杨老师的要求，我们一起去买工服，又自作主张，因为一点小插曲，没买，还找理由和杨老师申辩。杨老师一针见血地问道：衣服是谁让买的？你们在培训期间应该服从谁的领导？我们顿时茅塞顿开。培训期间，杨老师才是管理我们一切事务的领导！我们应该听杨老师的。下午进行了长时间的军姿训练，训练中不断说出他人的优点，让我们找到与之相处的最好方式：沟通。通过沟通，达成一致，达到目的！最后，我们一字排开到店里转一圈，与碰到的每一个人问好，无论是谁！看到客人惊艳的眼光，家人美慕的表情，原来自己在不知不觉中变化了那么多！看着群里的合影照片，真心地体会到了杨老师的九字箴言：高标准、严要求、真到位！杨老师只是带领我们走进这个课堂，未来的日子需要我们自己的坚持。

张德举 大家晚上好，现在分享一下今天的学习感悟。

第一个感悟是服从管理的重要性。早晨培训刚开始，由于大家的服装不统一，杨老师第一时间停止培训，让大家统一去采购服装。我开车带几位女士去采购，由于中间出了点小插曲，衣服没买就回来了。在回来的途中，大家准备好了各种各样、近乎完美的理由。但到了办公室，被杨老师一顿训斥，让大家感觉非常愧疚。这么点小事都没有办好，说明我们在服从管理方面的差距还是很大，于是马上去第二次采购。到了下午，才明白了杨老师的良苦用心。今天大家都穿着西装、白衬衣，让我们的形象发生了大变化，非常精神。当所有受训人员整齐列队站到一起时，我们自己都感受到了专业和不同。通过这件事，我发现了我们在工作中的随性，习惯于找借口，不能第一时间完成上级下达的指示；懂得了发现问题以后要马上解决问题，努力完成上级下达的任务。

第二个感悟是标准站姿的深刻含义。三个月的时间，经过正规化的军训，可以将一群普通人打造成战场上的勇士，靠的是什么？两个字："服从。"在我们的企业当中，也可以搞半军事化的训练，把我们的员工打造成精英战将。人和人之间，最良好的沟通方式是从赞美开始的。每个人在站出来接受大家赞美的时候，心情都无比愉悦。我们现在是谁，什么形象，以后想活成什么模样，怎样生活才会感到更幸福？答案只有一个：严于律己，从点点滴滴做起，用心去做当下的小事，当做到极致的时候，我们就成功了。

第三个感悟是身体是革命的本钱。杨老师在培训的过程中，给大家讲了一些养生之道。早上空腹吃两根黄瓜，喝两杯白开水，可以清理我们的肠道。早上吃几块西瓜或水果，可以祛斑，使我们的皮肤更加有光泽。平常多吃枣，可以增加肠道蠕动，排出毒素。养生之道，大家都需要。只有把我们的身体调节好，我们才能更好地工作，享受生活带给我们的快乐。

第三个感悟是勇于展示自己。培训临近结束，杨老师让我们站成一队，去店里跟同事们打声招呼，见到人就说"你好"，打开自己的胸怀，把自己的改变传递给大家。所到之处大家都在为我们点赞。在此也呼吁这次没有参加培训的同事，争取下期培训能踊跃参加，在头一锅这个平台上，越来越优秀，越做越强大。

今天的培训让我更深刻地理解了九字真经——"高标准、严要求、真到位"。在以后的工作和生活中，我会用这九字真经来要求自己，成为一个优秀的人。

孟　州　今天是家人们快速蜕变的一天，也是充满欢乐的一天！关于今天的改变，相信结果已经给了大家一份满意的答卷。乐于改变自己仪容仪表的人是有修养的，他既能改变自己的生活，也能让自己变得更加自信与快乐。蜕变是一个艰苦的过程，它也是自我改变的必修课，只有真正做到，绝对服从，执行落地，才能从不适应到适应，从不改变到改变，建立接受他人指正的好习惯。你会慢慢发现，自己的工作和生活没有了以前的顾虑与焦灼，通过自己的努力改变，感召身边和自己有着一样梦想的人，在成就事业的大路上奔跑。

郭东华　在每次的学习分享环节，我都不知道从何说起，但是心里真的很高兴能和杨老师谈谈工作中的细节问题。和杨老师谈心时，他能把我不理解的问题用通俗的语言解释清楚。比如今天的工服，他让我们队统一去买新的，最初我们都很不理解。其实他们几个早上来的时候，穿的都是西装，只是颜色有点不一致，就是因为杨老师的"严要求"，所以我们就一起去买了统一款式的西装。回来以后，店里员工们见了我穿的新西装，都感到很惊讶，夸我焕然一新，我的心情也十分愉悦。最后我们从办公室排队出来到总店，从一楼转到三楼，见到家人、客人都要说声你好，感觉真的很亲切。在这短短的路程中，我感受到了头一锅的美好未来，也为头一锅的美好未来感到自豪。我相信在单县没有任何一家餐厅能比得上我们，因为我们一直在不断地学习。现在的餐饮经营，不学习真的不行。大众的口味要求提高了，环境卫生、服务、穿着等标准也在不断地提高，所以，我们所做的一切也都要随之改变。我们必须统一目标，统一思想，统一行动，不怕任何对手来竞争，我相信咱头一锅一定会成为一家百年老店。一定要相信自己，加油！

另外，今天我还学到了人和人之间的沟通方法。只有沟通才能让我们改变，形成合力，团结一致去做好我们的工作。

邢建领　今天特别高兴，听杨老师的课原来很轻松，很快乐！我该减肥了。杨老师说，每天早上两根黄瓜、两杯水，可以清肠道排毒素，从而达到减肥的效果。我要从今天开始坚持。早上，我们队出去买衣服，开始我没预想到能有那么大的改变。等回来之后，到总店各个地方走了一圈，见到的人都竖起大拇指，把我们夸得像花一样，心里无比高兴。我感觉很自信。我以后会注意自己的仪容仪表，这既能给别人留下好的印象也能让自己变得自信。酒店的卫生也和我们的仪容仪表一样，我会第一时间搞卫生，然后再工作。今天的站姿训练，说实话我站得腿疼，但我咬牙坚持下来了。老师说这就是"服从"，没有规矩不成方圆。在赞美训练中，我站在队伍中间，大家夸得我脸红，但心里美美的。很高兴和大家轻松地聊天，我们之间的距离拉近了，很亲切。虽然很累，但我会坚持，给自己一个满意的答卷！

姬超源　之前上学时，有个老师就让我们内强素质，外树形象，这几年有些忽视了。一照照片，发现自己真的胖了。今天杨老师教了一些方法，比如早上吃两根黄瓜喝两杯温水，把肚子减下去，好穿得体的衣服，使自己的形象气质好起来。下午站了三个小时的军姿，晚上还是感觉挺累的。老话很有道理：要想人前显贵，必先人后受罪。别人的光彩夺目，一定是严格要求自己，对自己够狠才做到的。树形象一定不能对自己、对团队放水，一定要高标准、严要求，并且要落实到位。

李明军　今天管理层统一了服装，每个人都像换了个人似的，精神饱满，容光焕发。我感觉自己又回到了二十多岁的年纪，自信满满。特别是下午的站姿训练，坚持了两个多小时，腰一点也不痛，原来我站半小时就腰痛。这归功于杨老师教的正确站姿，以及对自己的严格要求。这个习惯一定要保持下去。通过一天的培训，每个人都打开了心扉，自信满满。

第四章

成为解决问题的高手

4.1 排练情景剧

杨铁锋 今天我们做一个有意思的项目,这个项目叫作好好说话。

怎么去说一句很温柔的话,让别人感觉很舒服?这里面有很多技巧,需要大家在工作和生活中慢慢琢磨。今天的训练内容是排练"情景剧",我已经为大家出好了题目,分别写在了三张小纸条上。有请三个队的队长,每人选一张小纸条。现在请你们把面前的这个题目看完,然后把情景剧的要求念出来。

三张小纸条的内容分别如下。

1. 顾客在餐厅消费后,从菜品里发现一根头发,以此为借口不埋单,后经过大家努力,终于使顾客埋单满意而去。人物:前厅服务员、顾客、经理。

2. 某企业厨房推行六常法,员工不配合,管理人员经过努力,反复做工作终于达标。人物:厨师长、厨师、老板、前厅员工。

3. 洗手间卫生总是不达标,店长检查后大为光火,在认清标准后,大家集思广益终于达标。人物:服务员、顾客、店长。

杨铁锋　你们每队从现在开始排练，每个人既是导演，又是演员，根据这个人物设定和场景设定，用 10 分钟左右的时间，把这个故事演出来。你们在平时的工作当中，遇到哪些困惑？怎么去解决的？你们的方法是什么？在处理客诉的时候，如何做到既要考虑到对方的情绪，同时又把这件事情处理好？你们在这个情景剧中，有的演顾客，有的演店长，有的演服务员，有的演厨师长，根据你们自己的设计，寻找最好的解决方案，然后把它排练出来。中间有什么困惑，有什么问题，随时随地与我沟通。我们明天下午到总店，把所有门店的员工召集到一起，给大家表演情景剧。我说清楚了吗？

　　你们现在就开始排练自己的节目。这个节目要结合自己的工作，好玩有趣，对我们员工有教育意义，有启发。演出的时候你们不能笑场。你们要是在台上一笑，下面就会跟着哄堂大笑，效果就不好了。你要进入这个情景中，厨师长就是厨师长，顾客就是顾客，就用这个方法告诉大家，我们在实际工作中应该如何去实现这个标准。

　　注意，关于这个情景剧我再给大家解释一下。你可以把情景剧理解为小

品。你可以让自己成为宋小宝，可以让自己成为贾玲，也可以让自己成为岳云鹏，都可以。但是你的创作要好玩有趣。上台的时候，前面可以加上几句引语："改革春风吹满地，头一锅人要争气，挖门盗洞找关系，找了几个不咋地。"这样就会引起大家看下去的兴趣。你要把这样的东西带给大家。你们在导演和设计这个小品的结构、语言时，可以朝这个方向去走。单县方言、单县土话、家常话都可以融入这里面，让大家听起来觉得很好玩。

戏剧的本质是什么？是夸张。你要把生活中的东西有意识地进行夸张。假如在生活中，我对你有意见，但是我心里恨，我不说。这种东西在戏剧里是用不上的。我讨厌你——这个东西怎么演呢？戏剧里是这么演的：小娟儿，我简直恨死你了！拍着桌子，指着对方大声说道。这叫夸张。如果是电影、电视剧，你可能用眼神表现出来是可以的，但小品必须用夸张的语言和夸张的肢体行为才行。

我刚才给大家的设定，三个队各不相同，不用担心抄袭。你在各自不同的情景剧当中，表现各式各样的人物，可能剧中的厨师长一生气，一甩手，"不行，这个活我不干了"，大家马上就会产生共鸣。因为在平常的工作当中就会经常遇到这样的情况。员工会说："今天这个活我是干不了，你看谁行就找谁吧。"……这些内容你都可以融入这个情景剧里面。大家会哄堂大笑，但同时也会深受启发。你要给这个人物编上名字，你不能说店长怎么怎么样，你可以说老李。你可以让一个服务员"欺负"店长，也可以让店长来"欺负"服务员。但是在"欺负"的过程中，店长还是要坚持标准的，想尽办法把这件事完成。你们如果还是不会，可以先带着问题看个小品琢磨一下。

今天下午就不要穿这套新工服了，把你们平时上班的衣服穿上，我们玩这个游戏，目的是告诉大家，怎样把事情做到位。今天上午情景剧的排练，目的是提高大家的沟通力。你们注意到没有，在今天上午的训练当中，你们的沟通能力都在提高，你们在逐步形成一支真正的团队。虽然每个队的水平有高有低，但是大家的心凝聚到一块了。所有人都是心往一处想，劲往一处使，你们在朝着一个共同的目标努力。

在这样一个努力的过程中，每个人都在千方百计地把自己的想法拿出来，再把别人的想法融进去。这个过程就是一个提高沟通力的过程。你们看到没有，昨天你们把西装穿上了，当时感觉很新鲜，通过今天情景剧的排练，你们正在一点点地忘掉西装。现在还感觉自己穿的是西装吗？在忘掉的过程中，你们的这件西装才真正地被穿上了！你已经在养成一个习惯了。这就叫标杆。你们刚才在排练的时候，我能够明显地感觉到，你们现在所体现出来的那种气质就是大企业高管的气质。你们真正地在用自己的脑子思考，你们在想办法解决问题，是不是这样？

这个过程对大家的提高是由内而外的。大家想一想，我从前天开始到今天给大家培训的内容是什么？这些内容你们会不会？知道不知道？以往是会，也知道。但是你们能不能做到？做不到吧。那么通过这样一个方法，你们做到了没有？这个内容实际上不新鲜，就是你们《员工手册》的内容。你们的《员工手册》要求的就是这些东西，早上几点来，晚上几点走，来的时候怎么穿衣服，怎么化妆，怎么擦皮鞋，等等。我们通过这样的一个方法，让你对《员工手册》有一个从里到外的认识和理解，于是你就会把《员工手册》的要求当成你生活中的必然。我们的目的就是这个。

昨天提高的是你们的外在形象，今天上午提高的是你们的沟通力，将你们的大脑激活，提高你们真正的思维力。今天下午，我们要进行的内容是，帮助你们确立并达到一个标准。我给大家透露一下，今天下午的主要任务是打扫卫生，很艰巨的任务。请大家以队为单位，带好抹布、拖把、扫把这些东西，到总店一楼集合。三个队比拼，五点之前结束。我将邀请几位评委，来给大家做点评，做得好的是本分，有资格抢红包；做得不好的团队，每人乐捐 100 元做红包。

今天上午就到这里，谢谢各位！

4.2 洗手间卫生清理的启示

杨铁锋 我们今天下午的内容是，大家分别以队为单位进行"标准"的训练，看起来很累，做起来——也很累，关键看大家怎么样完成这项工作。需要清扫卫生的是三个洗手间，一个队打扫一个，从上到下，彻底清理。原有的装修因素暂时不用考虑，可以忽略不计，但卫生标准必须要合格。具体区域是：一楼男卫、一楼女卫、二楼男卫。清扫标准：无异味，无杂物，无污渍，清理出原色。时间：60 分钟。

清理结束后，我们会邀请三位评委，评出一二三名，最后一名的团队，每人乐捐 100 元。开始。

（现场卫生清理火热进行。指导老师到每个队观察工作情况，现场指导他们关注细节、工作到位的方式方法，传递其他团队的有效做法，激励大家不断提升工作标准）

2019 年 4 月 3 日 16:15，时间到。

杨铁锋 根据大家的要求，我们把比赛的时间延长了 30 分钟。很有意思的事情是：三个队为了让自己的卫生做得更好，都在要求延长时间——让大家在洗手间多待一会儿——我估计你们以往肯定没有这样的经历。这是要求上进的力量。一会儿，我们三位评委要对大家的工作进行评比，看看哪个队做得更好。在这里提醒大家，赢或输并不重要，重要的是大家积极努力地参与到比赛过程中，这个很有意义。评比结束以后，16：30召开员工例会的时候，我们邀请所有总店员工，一起参观一下楼上楼下的三个洗手间，让大家一起感受"头一锅管理层证书班"的全体学员是怎么样把这个标准做出来的！让他们看一看，头一锅的未来就应该是这样的！我相信，今天晚上你们就会看到，通过参观，所有人都会按照这个标准来工作。你们大家想一想，今天下午的工作意义大不大？你们是在给大家打一个样，做一个标杆。下面，我们一起来进行检查。

2019年4月3日16:30，员工例会。

杨铁锋 从14：30—16：15，在将近两小时的时间里，"头一锅管理层证书班"的这些伙伴们，把我们一楼、二楼的三个洗手间，做了比较到位的卫生清扫，他们很辛苦。但就是在很辛苦的时候，他们还在反复请求："杨老师，能不能再给我们10分钟时间？我们觉得做得还很不够。"你们大家觉得他们这个标准高不高？我们是不是应该给他们一点掌声？他们今天下午的辛苦工作，是在给大家做一个标杆，希望大家从现在开始，用这个标杆来作为我们的工作标准，关注细节，工作到位。头一锅将来想走出单县，走向全国，低标准是不行的。

去年年底我离开单县的时候，我对姬总说，头一锅2019年的主要任务是贯彻落实九个字。你们记得是哪九个字吗？"高标准、严要求、真到位！"这是2019年头一锅的工作原则。今天，我们这11位干部已经给大家做出了一个标杆，下面就请大家参观一下。

（大家按照口令，排着队去三个洗手间参观，结束后重新列队集合）

大家感觉舒服吗？舒服吧。未来我们的一切工作就应该向这个标准看齐。在头一锅发展的过程中，我们希望有更多的伙伴和头一锅一起成长，头一锅将帮助大家一步一步从一个普通的员工逐步变成一个优秀人才，无论是在技术上，还是在管理上，让你有一技之长。在餐饮行业里发展，如果你用心工作，成长也非常快。你看我们今天的受训人员当中，有几个人就表现得非常好，比如羊肉汤师傅邢建领、明档张德举，他们在过去的几天表现非常不错。这样的人员，在头一锅一定是非常有前途的。所以，我希望大家用这样一个标准来要求自己，让自己在头一锅取得一个长足的进步。

在今天的比赛当中，三个队的表现都非常优秀。他们一共 11 个人，分成了三个队。经过刚才紧张激烈的评比，我宣布今天下午的比赛结果是："最佳男神队"由李明军、姬超源、郭东华、邢建领组成的一队获得，大家把掌声送给他们！"最佳女神队"由张秀娟、张喜梅、高艳东组成的三队，大家把掌声送给她们！男女混合队"超霸组合"由张娅慧、孟州、张德举、杨红梅组成的二队获得！今天下午，三个队都赢了，我们以热烈掌声向大家表示祝贺！一会儿，我在你们那个群里发一个红包作为奖励，你们都不用担心了。这是我们对今天的一个总结。谢谢大家！

（总店员工例会结束，证书班学员列队集合，进行总结）

杨铁锋 今天下午的比赛，大家表现得非常到位。在将近两小时时间里，你们保持了最好的状态。你们可以仔细想一想，虽然你们平常工作也很多，也很累，但像今天这样很认真很用心地去做某一件事的机会多吗？最好的餐饮企业所表现出来的状态就是这样的！我告诉大家一个秘密，**在今天这个世界上，没有谁比谁更聪明，没有谁比谁运气更好，想获得成功到底靠什么？就是看谁比谁更用心！**你们用这样的方式用心去做，踏踏实实去做，无论做什么事都一定会成功。你们信不信？

刚开始，我将洗手间清理工作分到大家手里的时候，我自己也不太确定你们到底能不能坚持住。你们有没有方法去把它做好？但是你们做到了。虽然中间仍然有瑕疵，有一点小问题，但这是我们大家眼界的问题，慢慢就会得到提高。这次比赛的目的是让你们知道标准到底什么样。希望大家回到各自的岗位以后，继续用这样一个标准来约束自己，同时带着自己的团队按照这个标准做，只有这样，我们头一锅才会发展得更好，大家才能在我们这个行业当中越走越光明。

今天下午的训练到此结束，明天早上 7 点继续。祝大家下午工作愉快！

4.3 参训学员第三天的培训分享

张秀娟 一天的学习又结束了，内心感觉特别充实。今天，我们在玩的过程中，有了新的收获，谢谢老师！

1. 上午，我们队接到的任务是以客诉为内容排练一个情景剧。在排练过程中，团队成员全身心投入，向结果看齐，都想把这件事做好。

2. 下午，我们集体打扫洗手间卫生。虽然中间出现了很多小插曲，但是看见干干净净的洗手间，感觉特别自豪。我们团队存在的问题是，因为没有分工明确耽误了进度，导致最后时间到了，我们还有一些地方的卫生没有做好。这一点以后需要注意。这件事也让我们看到，不同的标准带来的结果是不一样的，我们应该向高标准看齐。

高艳东 今天中午，杨老师让我们用店里面经常遇到的客诉场景排练一个情景剧，启发我们如何处理好顾客的投诉，化解企业和顾客的矛盾。在这个过程中，我学到了两点。第一点，有技巧地处理客诉。第二点，通过合作，产生共鸣，用团队力量解决问题。

下午，杨老师给我们分任务打扫洗手间。比赛结束后，我们队没有拿到想要的成绩。我总结了三个问题。第一，分工不明确。第一次打扫不彻底，另一个人又打扫一遍，浪费了时间。如果一开始就分配好，让张秀娟负责下面的蹲位，高艳东负责屋顶墙壁，张喜梅负责门，就会快一些。第二，方法不正确，草酸使用方法不对，用量太大，导致疏通空气又浪费了一些时间。第三，时间观念不强，没有把握好时间，把大部分时间用在最初的蹲位上，并且，当老师喊时间到的时候，大家还在磨蹭。通过打扫洗手间卫生，我感受到只有脚踏实地才能一步一个脚印地做好每一件事。

张喜梅 今天的收获特别多。杨老师让我们亲身体验做高标准的卫生清理。我们三个队，每个队一个洗手间，都很认真地打扫各个死角。为了争取第一名，我们劲往一处使，努力做到最好。可是，当打扫结束以后，杨老师检查的时候，仍发现有不干净的地方。这让我们领悟到，以后在工作中要和这次做卫生一样，不要认为我们做得都很好了，就忽视了细节和标准。只有做什么事情都精益求精，才能成为一群人当中最优秀的那一个。

张娅慧 今天早上，杨老师写了三张纸条，让我们三个队长每人随机抽了一张。刚开始，感觉排练情景剧挺简单的，应该没问题。直到需要扮演角色的时候，才感觉自己发挥得不自然，演得好还需要下功夫。挺简单的几句话，平时都是随口就说的，但真的到小品里，还真是不太容易对付。下午，三个队分别清扫洗手间，清扫结果要分出胜负。这是展现一个团队战斗力的时候，合作、认真、细致，所有人都很积极地投入洗手间的卫生清理当中。最大的启发是，越是明显的地方，越容易因为疏忽大意，导致达不到应有的标准。通过洗手间大扫除，我相信大家都知道了什么是标准。以后无论做什么事情，都必须把握好"标准、时间、结果"这三个因素，追求高标准，控制好时间，得到好结果。

张德举 感悟一：今天早上，杨老师让我们自导自演一部情景剧，看似简单的几句话，但真正操作起来，完全不像想象的那么简单。团队成员彼此协作，不断构思每一细节，不断地制定方案。这个作业考验人的情商，想做到完美，对我们来说还真有点挑战性。在排练情景剧的过程中，杨老师生动地给我们讲解企业当中发生的问题，如何妥善地解决，如何获得一个不错的结果。他的点评给我留下了深刻的印象。上午呈现出来的表演结果，我们不太满意，约定晚上下班以后继续打磨。

感悟二：下午的课程是打扫洗手间。在打扫洗手间的过程中，我们一队做到了分工明晰，积极合作。我负责天花板下的墙面，清理六年时间积累下的污垢。第一遍用铲子铲，第二遍用钢丝球沾草酸擦，第三遍用干净的毛巾擦。娅慧和孟总负责便池和门，先用钢丝球使劲打磨了一遍，再用草酸和抹布清理，直到把死角全都打扫干净。在整个清理卫生的过程中，我们三个人积极合作，争分夺秒，嘴上虽然不说，但心里都是奔第一名去的。虽然有点脏，有点累，但到最后看到干干净净的洗手间的时候，心里还是美滋滋的。我体会到，无论做什么事情，只要脚踏实地，用心去干，就一定会成功。在打扫卫生的过程中，出现了一个小插曲：由于草酸用量有点大，空气浓度高，出现了刺鼻子、熏眼睛的状况，小娟甚至还当场呕吐。在此提醒大家，以后在工作中，千万要注意安全。

晚上下班，我们队在三楼包间继续彩排情景剧，大家坚持彩排了三小时，但结果仍显得杂乱无章，给观众的视觉震撼不够强烈。由于时间太晚，大家分好角色后就结束回家了，明天上班后大家会继续打磨台词和笑点，争取把情景剧演出彩儿，让观众不失望。只要用心，相信我们的努力一定会有好的结果。

孟 州 家人们因追求梦想而相聚，因实现梦想而共进，也因我们的团队而强大，任何困难都抵挡不住我们高昂的热情，这就是我们头一锅团队的精神。失败的团队没有成功者，成功的团队中每个人都是精英，企业需要发展，我们更需要进步，进步的同时请带上我们的家人。我们是标准，我们是标杆！只有放下内心深处的自私，心才能真正地融在一起。企业发展的路上，我们相互搀扶，相互依靠。真诚地说一声：有你真好！——致所有头一锅家人。

郭东华 由于一些事务，今天早上没有听课。下午，杨老师让我们体验了清理洗手间卫生的感觉。在不到两个小时的卫生清理过程中，我们心里想着要在规定的时间内完成，一定要拿到第一。我们四个人进行了分工，我打扫上面四周墙壁，建领用毛巾擦墙砖，李总用草酸清理便池上面的污渍，超源擦门和门口场面。这是我们四个人最初的分工。清扫一遍以后，第二遍我们用洗洁精去污，第三遍用清水冲刷，第四遍用干毛巾擦拭。干完这四遍，离要求结束的时间还有三分钟，于是我们赶紧从二楼跑下来。结果，我们队是第一个收工的队。当时就想，不论结果是不是第一，起码在时间把控上我们是第一的，心里很高兴。结果功夫不负有心人，我们队拿到了评比的第一名。从这个活动中我体会到，只要我们用心地去做，就一定能得到自己想要的结果。

邢建领 老师好！大家好！今天是 2019 年 4 月 3 日。早上杨老师给我们布置作业，要求我们发挥自己的想象空间，自编自导自演一个解决客诉的小节目。大家热情高涨，积极发表意见，很快就形成了一个初步的节目构思。下午我们去打扫总店的洗手间，一个队负责一个。通过两个小时的共同努力，我们终于把洗手间打扫得干净利落，创造了头一锅从未有过的标准。在这期间，我们每个小队分工明确，抓紧时间，竭尽全力清除各个角落的卫生。今天我的收获就是：团队合作的力量太大了。以后我们头一锅大团队一定要像今天这样，劲往一处使，实现头一锅全体员工的伟大梦想。

姬超源 今天早上，杨老师给我们设置了特定的剧情，让我们围绕着剧情，自编自导自演一个情景剧。一开始，大家不知所措，后来经过慢慢地沟通思考，最后理顺出了一个故事，这让我们说不出的高兴。下午打扫洗手间，杨老师给我们分配好区域，制定了标准，让我们干得心甘情愿又意犹未尽。在那个氛围里面，我们特别默契，既有分工又相互协作，感觉特别棒。

世上万事，只有用心才能做得更好。希望以后除了自己努力，还能借助杨老师的智慧，把团队带得更好。

李明军 今天下午，三个团队比赛清理洗手间的卫生。在这次活动中，我感受到，一个团队里的人只要心在一起，为了共同的目标，发挥出每个人的特长，互相配合，不指责、不抱怨、认真坚持，就一定能实现目标。这也是我们在以后的工作中，需要坚持执行的工作方法。

第五章

建立高标准

5.1　做一个能成事的人

杨铁锋　姬总走了三天，我们大家折腾了三天，很辛苦。但是你看看我们现在这坐姿，我敢说全国最好的餐饮企业也就这个状态。你看看我们这些人多帅，多漂亮！我都被你们震惊了！真的是很漂亮。

姬总这三天没在，她对现场的培训情况不了解，这样，今天早上九点之前是大家的汇报时间：每个人对这三天进行一个总结，你有哪些感悟？你经历了什么？你希望为头一锅做哪些工作？你准备怎么做？我们树立了什么样的标杆？在你的心里，标杆是什么样的？什么叫作高标准？什么叫作严要求？什么叫作真到位？对这九个字，我们要反复地去领悟，去感受，去分享。这几天大家在群里的分享特别认真，特别到位，我看了之后很感动。比如，郭东华的分享让我很意外。在我的印象当中，东华是一个"大老粗"，但是没有想到东华的分享那么到位，那么细腻。还有德举，他的分享也让我刮目相看，没有想到德举对我们的培训认识得那么深刻，对自己的标准树立得那么高，而且对我们企业未来有一个那么好的期待。还有建领，他的分享也让我们感受到了真诚和热爱，真的很好。另外，喜梅、娅慧、孟州写得也非常认真，我就不一一点评了。

一会儿大家逐一汇报，不用说那些客套话，只要把内心的想法分享给大家就可以了。一个好的团队，要有一个好的氛围，这个好的氛围来自每个人为这个团队贡献一点点正能量，加在一起就是一个非常巨大的正能量。所以，我们大家要慢慢学会、习惯这样一种分享。你们谁先分享？

（两位受训人员发言分享）

杨铁锋　你们大家先停一下。你们感觉前面两位的发言听起来累不累？为什么累？因为她们都没有说"人话"，在说"鬼话"，完全是客套话。这是演讲培训留下的后遗症。你在进入这个情境之后，说粗话都可以，但就是不能这样一本正经地说客套话。你在家里是怎么说话的？你要是在前面一站，就板起面孔那就麻烦了。"通过这次活动，我深切地感受到我身上还有很多缺点，具体表现在三个方面……"你这就是在说假话。我刚才说有六个人昨天写得很好，因为他们在说"人话"。假如刚才高艳东的分享就实实在在地讲，"这次培训有三点让我印象非常深刻。第一是高标准，我真的没有想到刷厕所也能够有这么高的一个标准，没有想到会有那样一个结果。第二是严要求，对自己、对伙伴应该严格要求，达不到标准我们就要重新做，反复做，直到找到方法，把这件事真正做好。第三是真到位，我们受训人员仅仅是这十几个人，但没有想到，我们的状态已经影响到整个集体了。"这样的分享才叫说"人话"。昨天，那两个保洁大姐看你们做完卫生以后，马上就有那种自愧不如的表情了，她们感觉特别惭愧，有没有？这不就已经影响到员工了。你用这样一个语言去分享，这才是发自内心的东西。所有人注意，大家千万不要说"鬼话"，否则以后我们的效率会越来越低。

下面继续。

（大家分享省略）

杨铁锋　姬总昨天晚上刚刚从内蒙古回来，请姬总给我们讲话。

姬玉梅　这次培训，是我创业以来唯一的一次由管理人员自愿埋单的培训。当我跟杨老师沟通的时候，说这次要收费，杨老师还有点迟疑。为了感受到每一位的真诚，我必须这样做。

我曾经想过，不换思想就换人。今年咱们头一锅品牌向上拉升扩大影响，首先要做的第一件事就是抓团队。咱们这几年，该夯实的东西已经夯实了，现在该发展了。发展是谁发展？肯定是人发展，人不发展，企业想发展也是不可能的。杨老师还说，收钱合适不？我说这个钱必须得收。自愿为自己埋单的，他才有机会成长；不愿意埋单的，这个地方永远不给他机会。咱们这次交钱的时候，第一个是娅慧，这边信息发送过去以后，那边钱一下就到了；第二个交钱的是喜梅，喜梅交钱的时候，我都很激动，又发现了一位人才；第三个交钱的是邢建领；最后交钱的是东华，在最后要结束的时候交过来了。姬蒙蒙交过来是十点零一分，我就把她挡在门外了。

我觉得这是一种精神，也是一种状态。你们交的不是 1 000 元的学费，那是一份信任，那是一份感动。通过 1 000 元钱把我们这些人捆在一起，我觉得非常划算，我要把你们交的这 1 000 元全部入成公司的股份。这是咱头一锅未来第一批创始人股东。

昨天跟小尾羊的董事长余家荣谈企业管理，余总的总结非常到位。他说，企业里面有五种人：一种是没事儿的人，一种是成事儿的人，一种是做事儿的人，一种是搅事儿的人，还有一种是坚决不相信企业的人，无论企业怎么做都不相信，这是一种坏事儿的人。他对企业里这五种人的分类让我非常受益。

杨铁锋 姬总的讲话语重心长，对我们头一锅的未来发展有了一个进一步的描绘，尤其是对我们今天头一锅的现状有了一个更全面的认识。这几天，大家的进步是在我的预料之中的，这个我没觉得多新奇，但是姬总的变化却是飞速的，让我刮目相看，我特别高兴。为什么？对于头一锅来说，姬总的眼界等于头一锅发展的天花板，她的眼界有多高，头一锅的未来就能有多大。如果她的眼界很小的话，那么头一锅想发展也发展不起来。

姬总走之前，我几次跟姬总提过我的设想，我说，"我们头一锅厨房的硬件标准和卫生状况不行，做得不到位，需要改进。"姬总没有回应，但我能感受到姬总心里是不服气的，她觉得头一锅已经很好了，在单县同行业当中已经水平很高了，怎么可能还不行呢？这次，姬总到小尾羊去了以后，看了人家的厨房，看了人家现场的人员状态，我觉得姬总对管理标准的理解突然之间变得更到位了，这是我觉得特别欣慰的地方。这样，提升头一锅的整体运营水平就变得更容易了，我觉得这是一个很好的开始。企业光有营销不行，有形象也不够，更关键的是要有一个内在——一个很高的标准。

这几天我们所做的事情叫作"标准意识"的培训。昨天我们做了洗手间的清扫工作，这个活动让大家感触很深。洗手间的卫生到底应该达到什么标准呢？我们定了一个标准叫"三无"：无污渍、无杂物、无异味；这是一个简单的标准，那么我们还可以有更具体的标准，比如关于消毒方法、室内温度、清理流程等，便于大家遵守。希望大家回到各自的岗位以后，能够通过自己的努力，带动周围的人，把这样一个标准意识建立起来，长期地坚持下去。

这几天，我们在一起已经看到一些欣喜的变化，你们虽然花了1 000元的培训费，但你们很快乐。你们知道谁在难受？是那些没有报名的人，此时此刻，他们一定在怨恨自己，当时我为什么不报名呢？

总店传菜部的一个临时工，昨天离开的时候跟我说："杨老师，你们这培训太有用了，这几天虽然我没有参加，但是我从他们的变化中也受到很多启发。我在工地上是做管理的，我也带团队，我觉得今天这个做法，完全可以在工地上用起来。"这个临时工，我跟他一句话都没有说过，但是他就能够从你们的变化上感受到培训的效果。我们头一锅就应该是这样的。大家对自己严格要求带来的变化，很快就影响到一线员工了。

气可鼓，不可泄。前期我们可能会觉得这种自我约束是假的，但是如果连续坚持三个月，你还觉得它是假的吗？如果坚持一年、坚持一辈子，你觉得它还是不是假的？如果大家都能用这样一种方式坚持，好的企业文化就建立起来了。我们刚开始让大家做分享的时候，你们可能会说点假话，比如你会说"我学到了很多东西"。你真的学到了很多东西吗？这样的分享听起来有点假，但是它会给你的内心建立起一个强大的支撑，因为这两天时间的思想碰撞让我们自己的能量得到爆发，实现了从量到质的变化。我们平时吃饭，一顿吃半个馒头不会饱，一个馒头差不多，吃两个馒头应该都会饱了。吃半个馒头、一个馒头没饱，是因为数量没到。吃了两个馒头感觉饱了，这就实现了质变。我们五天的培训是在做量的积累，相信很快就会出现一个质的变化。当我们每一个人非常坚定地相信"高标准、严要求、真到位"是实现头一锅走向全国的重要支撑的时候，这个企业文化就建立起来了。

作为一个领导者，你要知道，无论什么事情，你在向前推进的时候，所涉及人员都会表现出逆反或者反感，其往往会经历这样三种状况：1.表面上的反感，直接表露出来；2.面上不反感，心里很反感；3.表面上不反感，心里也不反感，而且还很喜欢。到了第三个阶段，你就成功了。我们到企业里，去做培训也好，做咨询也好，一般都会经历这三种状况。

2014 年，我为头一锅做完调整后，向姬总建议，那批厨师不能用，要马上开除。那个厨师团队成员是济宁的几个小伙儿，菜炒得挺好，就是菜品的"套路"不适合我们这个餐厅。菜品风格设计要根据地域消费和餐厅定位来进行，不能厨师会什么餐厅就上什么。加上他们过于抱团，外人插不进去，头一锅的前厅后厨无法形成统一的整体，企业文化根本建立不起来。在这样的情况下，我们这个团队是没有办法走向成功的，所以他们必须离开。

5.2 品牌提升方案要真正落地

大家可以总结一下，我们这几天都做了哪些事？也就是如何将标准和政策落地，我告诉大家工作方法了，你们回到各自的岗位以后，要想办法落地，怎么做呢？

开好员工动员大会（培训会）非常重要。员工动员大会包括以下内容：

◆ 找标杆，说、看、对比；

◆ 定标准；

◆ 分享体会；

◆ 定方案，分职责、分区域、分结果。

员工动员大会本身就是在做培训。因为在现在这个时代，你一说培训好像跟大家没有关系，但你一说动员大会，就很像是在讨论工作上的事，所以，动员大会是在用动员的名义，做培训的工作。

首先，要定一个标杆。比如，你可以问大家单县最好的餐厅是哪一家？大家会说某某餐厅。这家餐厅为什么好？大家又会说怎样怎样好。在这个互动当中，培训就在进行了。

其次是看。大家说看的作用大不大？如果不是身临其境，仅仅靠说是很难去说服人的。姬总去小尾羊参观了两天半时间，大家看姬总回来后的分享，跟以前的气场一样吗？马上就不一样了，她的标准也高了，她被小尾羊的管理震撼了！

（随后和大家一同在电视上观看小尾羊的照片）

你们看看，小尾羊厨房的地上连一个碎屑都没有，别说坐地上，躺地上都没有问题，干干净净的。你说在这样的厨房工作心里踏实不踏实？我相信，对厨师来说即使工资低点都愿意干！姬总去看去学受到的一些启发，很快就会应用到我们头一锅上。比方拖布，在工作时间是不允许用的，不好看。有些做得比较好的餐厅，不仅工作中不允许用，非工作时间也不允许用，因为人家每天晚上下班以后是不需要打扫卫生的，平时就随手做好了。咱们大家晚上都得打扫卫生吧？每天晚上得打扫完卫生之后才能吃饭吧？咱们的习惯是白天乱丢乱放，晚上就得系统地收拾一遍，否则第二天上班就没法工作。

有的高水平的厨师长就喜欢"玩"这样的标准，即进到一个厨房，先把厨房的下水道堵死，然后他和厨师说，这个厨房的厨师不能往地上倒水，谁倒了，谁就想办法把地上的水擦干。所以，这样的厨房特别干净。没有下水道、蟑螂、苍蝇、老鼠也都难以存活了。咱们今天到总店厨房现场参观，有些厨师不舒服，说我们是突然袭击。我们就是让他们难受，只有难受了才知道要随时随地保持卫生，养成清洁的好习惯。

最后，在找到标杆以后，我们要通过逐项对比寻找差距。没有对比就没有伤害。娅慧，你的干净利索已经严重"伤害到"其他人了。当然这个也是一种激励。我们的目的不是说跟谁过不去，是让大家一起向前走，形成一个团队效应。

前天超源跟我"叫板"，说让我们每天上午 9 点到 10 点去四店检查卫生。你们说，要是去了，能不能查出问题来？我相信肯定能。现在不仅我能了，你们随便去一个人都能发现问题。问问超源，你还赌不赌？还敢跟我"叫板"打赌吗？你说咱们的打赌谁赢了？

姬超源　你赢了。但你说的三无我们做到了，无异物、无污渍、无异味，连碎纸屑都没有了。

杨铁锋　你告诉我，什么叫污渍？只要是那墙上的印记，不都叫污渍？你说你那墙上没有污渍，那我问你，棚顶角线的地方有没有污渍？洗手间门两边怎么可能没有污渍？门框上面怎么可能没有污渍？

姬超源　哦，我理解成杂物、纸屑之类的。

李明军　昨天还打扫了。

姬超源　昨天咱是下午才打扫，之前不知道。

杨铁锋　我估计你店里洗手间肯定有异味，怎么可能没异味？咱们还赌不赌？不行咱三辆马车开赴四店。

姬超源　我请假了，我不去了。

杨铁锋　如果有异味的话，你就请我们喝羊肉汤。你们大家觉得这个主意好不好？超源敢不敢？

姬超源　洗手间天天点香。

杨铁锋　你为什么要点香呢？一定是异味很大。

姬超源　去异味的。

杨铁锋　它怎么可能是去异味的？异味是去除不掉的，你那洗手间里肯定是五味杂陈的。

姬超源　你又没去，你是猜的。

大　家　现在咱就可以过去。

姬超源　这是昨天说的，昨天没有过去。你们看热闹不嫌事大。

杨铁锋　这个事情我听大家的，你们什么意见？

郭东华　先听课吧。

杨铁锋　好吧，听东华的。你们觉得，超源心里认为谁输了？他已经认输了，现在他是心里服，嘴上还不服。

落实方案，必须要找到一个标杆。没有标杆，就没有办法让大家知道我们差在哪里？大家昨天下午去打扫洗手间卫生，就给其他人树立了一个标杆，让两位保洁大姐变得很难受。她们会觉得，她们做得不到位，标准太低了。

咱们在一楼餐厅吃饭的时候，看见服务员正在搞卫生，她们当时拿一桶水就往地面上泼，然后再用拖布拖。可是，地面上到处都是装修时留下的白灰，一泼一拖，整个地面就和泥了，不但没有干净，反倒更脏了。泼水的方法就是错的。我们那个地面是地板的，泼完水之后，水都渗到地板里了，非常容易腐烂。虽然表面干了，但是地板已经起层了。你们看那个地面干净吗？不干净。

想要开好动员大会，还需要定标准。刚才孟总说得非常对，我们可能会经常出现标准不统一的情况，刚才超源说的问题也是标准不统一的问题。

我曾经在河南登封给一个企业做指导，就遇到过标准认知不统一的问题。比较规范的洗手间卫生督导方法，应该是在每一个洗手间里都安放一个板夹，板夹上面夹有一张卫生检查表，上有地面、墙面、棚面、灯光、洗手盆、便池等几个检查项目，责任人、检查人和主管领导等人在检查后画钩，然后签上自己名字，每 30 分钟要查一次。河南登封这个店，我们也是按照这套方法去做的。连续检查三天，都做不到位，主管经理就对保洁员提出批评。那位保洁员特别生气，说："这个洗手间的卫生做得比我们家厨房都干净，你怎么还说我做不到位呢？"

主管经理把情况反映给我，我就想，这么简单的事情为什么做不到位？就带着主管经理和店长一起去检查。到了现场，我让她把清洁工具拿过来，我亲自给她做了一块儿。她看我做完一块后，马上说：杨老师，我懂了，知道咋做了。在她了解到我们的标准后，问题很快就解决了。

标准不提高，我们就"看不到"环境里的污渍，这需要我们学会审查。我的方法是这样：先找出一块儿需要清理的地方，面积大概是 1 平方米，你趴在那里长时间地去观察，看三分钟就能找到明显的污渍，看十分钟以后就能找到许多隐形的污痕。

我为什么让你们团队之间相互检查呢？自己看自己很容易放宽标准，而从对方那里找问题就会变得非常认真，标准也就提高了。

团队成员之间要分享。在企业当中，榜样的力量是无穷的。谁的卫生做得好，谁能够真正做到位，一定要把他请到台上来分享，然后提供奖励。

你们回到各自的团队以后，一定要将这几天的培训过程和结果分享给大家。他们不是想知道吗？想知道就跟他们分享。

核心的工作是定方案。要分职责、分区域、分结果。搞了卫生会有哪些好处，不搞卫生会有哪些坏处，管理人员需要在制定方案的时候明确结果。

大家来分析一下，在咱们头一锅的发展过程中，我们以往愿意做哪些事情呢？

找标杆？没有。看呢？偶尔。对比呢？没有。但我们自己认为头一锅还挺好的。定标准了吗？没有。有标准吗？没有。定方案了吗？好像定了。有分工吗？大致有。

我们经常说的一句话，叫作"分工不分家"，无论什么事情，都习惯于齐抓共管，其实是"齐抓共管"等于人人不管。昨天在打扫洗手间卫生时，为什么你们三个团队那么努力？分工分家嘛！你们不但分开了，而且还要相互挑出对方的毛病来。效果马上就出来了。你们以往什么时候会这样：杨老师，你再给我们十分钟时间，我们要把洗手间打扫得更干净一些。以前有过吗？以往应该是这样：杨老师，清理卫生用不了两小时，有二十分钟够了。为什么前后有那么大差异？分工分家的原因。分工是什么？就是一定要落实到人。

分结果十分重要。你们要用结果对自己负责。我们三个团队，在检查结果的时候多么认真，尤其是在检查别人的时候，多么努力。

开了动员大会以后，管理者要身先士卒，自己一定要当好一个榜样。你自己的标准要高，自己的方法要得当，对自己的要求要严格。"己所不欲，勿施于人。"你自己都不愿意干的事情，就不要让别人去干了，你自己必须要先做好一个标杆。

重点突破可以让大家快速建立标准和信心。昨天，我们打扫洗手间卫生的做法就叫重点突破。没有重点突破，大家看不到你的成绩，我们就没有办法让企业建立起比、学、赶、帮、超的氛围。

我们在一起已经四天时间了，完整地进行了三天六次培训。你们注意到没有，从第一天开始，我就不断地在你们身上发现优缺点，有缺点马上抨击，有优点马上表扬。这种方法，叫作点评。

刚才，姬总看见大家现在这个状态非常高兴。大家的起立和问好让姬总感受到了一个高标准的气氛。有了变化，就要点评，就要鼓励大家做到更好。每个人都有优缺点。如果一个人拿出 80% 的精力去做好事，那么他想把缺点暴露出来就没有时间了，他即使是一个坏人也很快变成好人了。

在这次培训当中，建领表现很好，德举很好，娅慧很好，喜梅很好。东华的表现是我没有想到的。昨天我就想"大张旗鼓"地表扬表扬东华，真的不错。

点评他人的时候，80% 要说优点、说好处，20% 说缺点。表扬人的时候，你要开大会，争取让所有人都知道；批评人的时候，人少为宜，一对一最好。

点评也叫激励，这是管理学中非常重要的一个概念。激励又分为正激励和负激励。正激励占 80%，而且要开大会；负激励占 20%，而且要私下去谈。

督导也叫检查，是管理工作的重要组成部分。我们昨天下午在一起搞卫生，最精彩的是什么时候？是不是检查？你看你们那么辛苦，在洗手间里搞了两个小时的卫生，但你们感觉还不累，就是希望在检查环节获得好成绩。

被督导的人特别认真，督导别人的人也要特别认真，员工永远在做领导检查的事情，没有检查的事情他们是不会做的。

你们要不断地肯定员工，找到对方的优点，给予适度赞美。员工表现稍微好一点，你马上就肯定他。

你们看，你们都说杨老师培训得好，杨老师培训得到位，说的人多了，于是我就真信了，信完了我再琢磨怎么好好"折腾"你们。我们这不都是在相互肯定吗？你要学会去肯定你的下属，不要总去挑他们的毛病。在你的工作中，总有人挑你毛病，你烦不烦？所以你要学会肯定下属。

点评人的"二八定律"大家要掌握好，不要让自己变成一个"乌鸦嘴"。领导者永远应该是一个帮助大家建立信心的人。

如果在动员大会、身先士卒、重点突破、点评、督导这五个方面给予充分重视，我相信在落地方面就能够做得很好。

我再给大家分享一个技巧，你在表扬人的时候，要发自内心地认可他的优点、他的进步，这样对方才会相信。东华每天的分享写得好不好？真好。那你为什么不真心实意地去表扬他呢？建领写得也好，你们想到建领能写出这样的文字吗？

回到自己的团队后，你们要把自己变成让大家喜欢的人。要让自己被大家喜欢，而不是被大家讨厌。你如果是被大家讨厌的，那即使你是在做正确的事情，大家也不会心甘情愿地跟着你一起做。让员工喜欢你，为你的标杆、无私、大爱而折服，这样你的落地才会做得很好。

5.3　电视纪录片《寿司之神》

下面，给大家放映一部电视纪录片——《寿司之神》。

（大家观看电视纪录片《寿司之神》）

杨铁锋　刚才我们一同观看了日本的餐饮名店电视纪录片《寿司之神》。我深深地为大海对面的那个餐饮人所感动，他把一个小小的寿司做得名满天下。一个 100 平方米的小店怎么可能做出这么大的名堂？很多人特别不理解。看了这个电视纪录片，我们才知道小野二郎这个店的成功，也是应了我们中国的那句老话：功夫不负有心人。在我们中国，有许多门店也是在用这样的方法经营，也是在用这样的方法做自己的产品，比如我们的单县羊肉汤。在过去的两百年里，许多单县人踏踏实实用心熬汤，让单县羊肉汤走出单县，走向全国各地。他们容易吗？不容易。这些手艺人兼任老板，靠熬羊肉汤养活自己，养活全家，你们说他们可不可敬？大家生活在今天这个时代，觉得工作很容易，对工作可以挑挑拣拣，可是在三四十年以前，有的人连工资是 18 元的学徒工工作都得不到。

单县羊肉汤实际上是一个很好的品类。头一锅可不可以做这么一个专题片，找一位做了一辈子羊肉汤的老师傅，给他立传，做成 70 分钟的视频，将单县羊肉汤进一步推出去。我们把这位老师傅聘为头一锅的顾问，让所有头一锅羊肉汤的师傅拜这位老师傅为师，这样，头一锅的羊肉汤在公众的视线里就变得"苗红根正"了。

我告诉大家，这个方法叫借势，当这位老师傅成为单县的"羊肉汤爷爷"后，我们用各种形式把他推出去，让他走向全国，走向世界，头一锅也就出去了。头一锅一出去，单县同样也出去了。这样，我们才会得到地方领导更多的支持。

看了这个片子之后，我相信大家会有很多感受。小野二郎都八十岁了，这个年龄完全可以退休了，但是他说他不能退休，不能没有活干，要是没有活干自己就会不舒服，所以他一定要工作。你们认为，在努力工作的时候，什么东西最可贵？我们活在这个世界上，到底要追求什么？人在不同的阶段会有不同的追求，吃喝，有钱，交友，有面子，最后是自己有目标，又实现了，这样的人生才是最有价值的，这叫自我实现。小野二郎就是在追求自我实现，那么小的一个店，却做到了一种极致。

如果论技术，我觉得他的寿司不见得有多高的技术含量，但他却能把寿司做成一个复杂的、有很高境界追求的产品，这是多么难得！小野二郎很有想法，比如，他自己不做采购了之后，就让那个和自己一点血缘关系没有的真一去采购，说："这个事情一定是供货商去采购，他可以做到的，我们不行。"而那个"供应商"也特别自信，他认为，"在每天的市场上，最好的鱼只有一条。"他相信，只有他才能从几百条鱼当中挑出最好的那条。

这个片子我看了很多遍，每一遍都有新的领悟。我想，我们每次熬羊肉汤的时候，有没有选到最好的那只羊？最好的那只羊是什么样的，有标准吗？头一锅的羊肉汤，每天中午可不可以限量供应？晚上可不可以？

李明军　可以专开一个小店，每天就供应一只羊的量，卖完为止，做成精品店。不卖炒菜，只卖几个小凉菜，回归最原始的那种模式：羊肉汤、小凉菜、饼。

杨铁锋　专门做一个这样的店很有意思啊。无论是谁，无论多有钱，如果不预约，对不起，没地方，请提前一个月排队预约。做成这个样，多牛啊！这样的店很有意思啊！

请大家好好反思一下，只有我们把事情做到位的时候，只有我们的洗手间，我们的厨房，我们的环境都干干净净的时候，我们才能实现这样的目标。

5.4 创始人的"野心"

杨铁锋 今天我们准备了一些图片来与大家分享。

1. 头一锅培训前后对比图。（略）

2. 沣之道标杆企业厨房管理展示图。（略）

上次和姬总分享我的想法，说头一锅的厨房应该朝着精致、洁净的方向走，真正达到《中华人民共和国食品安全法》的要求，真正领会这些条条框框，比那些监督管理的专业人员更专业。那样，头一锅就会变得很牛。我特别希望你们中间能出现这种专家型的厨房管理人员。做到这一步很难吗？我觉得比上大学容易多了，无非就是一套制度嘛，你把它仔细认真地研究透，把厨房分成几个工作区——切配区、清洗区、粗加工区、仓储区，加上面点区、凉菜区，分门别类地予以规范、设计和分工，统一标准，统一管控，每餐必须食品留样。洗碗间里配上一个大消毒柜，将盘子、碗倒扣着放在消毒柜里，恒温保管，给顾客上菜的时候盘子是温的。这样多好！这是我的一个期待。

人家的厨房是干净的，那么东华能不能做到？我相信东华说能做到，就一定能做到。因为用心，所以专业。处处留心才是学问。希望大家今天晚上回去之后，在今天的作业里分享一下，你认为我们现在应该怎么办，自己准备怎么办？我的建议是在四月，头一锅应该搞一次大扫除。我们不能慢慢地往前走，应该集中三个店的所有力量，用一个月的时间，全体总动员，每个人都参与到这项工作当中来，把所有地方的卫生全部打扫干净，绝不留死角。

时间过得很快，不知不觉，四天就过去了。刚好姬总也回来了，参加了我们第四天下午的分享。明天上午，我们把三个店的全体员工召集起来，做一个企业文化的展示大会，由你们三个队分别排练一个小品，在现场进行表演。这个小品的编排，就是以头一锅店内的六常法落实为内容，要真实可信，好玩有趣，让我们大家对卫生标准有一个全新的认识。

下面，有请姬总对我们这次的培训活动做点评。

姬玉梅　看到大家发生了脱胎换骨的改变，我非常高兴！大家要把这样的状态真正带到工作中去，拿结果跟杨老师汇报。2019 年是头一锅的品牌发展年，咱们应该快跑了。有大家一路同行，我觉得会做得更好，这就体现了人家说的那句话：一件事，一辈子，一群人，一条心。我觉得头一锅原来是小家庭，现在要变成大家庭。咱要搞成一个利益共同体，把个人小英雄变成头一锅团队的大英雄。现在就是一个很好的开始。祝大家心想事成！谢谢杨老师，谢谢大家！

杨铁锋　刚才，姬总的发言，发自肺腑，我感同身受，对于大家是一个很好的激励。到现在为止，"头一锅管理层证书班"第一阶段的课程就接近尾声了。我们整个的课程是 10 天，第一个阶段的内容是帮助你们建立高标准，第二个阶段为大家讲授专业的管理学知识。10 天的时间，我希望把大家打造成专业、自律的一群人，你们必须得让自己变得专业！最高的标准来自内心，来自自己对自己的约束，希望大家能够成为这样一群优秀的餐饮人。

现在，我宣布，"头一锅管理层证书班"第一阶段的课程到此结束，谢谢各位。明天上午为全体员工展现你们的受训结果，请大家做好准备。

5.5 参训学员第四天的培训分享

张秀娟 四天的时间就这样飞快地过去了。杨老师的课，永远都一针见血地指出你的问题，并告诉你以后的工作方向。我在学习的过程中，看到了自己的许多不足，以后一定改进，迎头赶上。

今天上午分享的时候，自己有很多话想说，但是说不出来。这四天的时间，我懂得了担当、服从、坚持、合作。记得第一天被惩罚的 85 个蹲起，要是在别的场合，我绝对能找出很多理由拒绝，但是那天，我只想到我是队长，我要坚持，我不能让我们队受罚，别人能做到的事情我也能做到。

下午观看纪录片，我最大的体会是：无论你做什么事情，仅仅靠天赋是不行的，还需要努力。任何人的成功都要靠 20% 的天赋加上 80% 的努力。从现在开始，自己要学会自律，以高标准要求自己，努力克服自己的毛病，让自己在头一锅的发展中获得更大的进步。我是打不倒的小胖娟，加油！

高艳东 下午，杨老师指出我的分享讲话是"鬼话"，没人听得懂，没人愿意听，以后说话要说"人话"，说落地的话，我十分认同。杨老师告诉我们如何落地，有步骤，有方法，有合作，相信有杨老师的指导，我们一定会彻底解决当下卫生脏乱差的问题。

下午看《寿司之神》，被小野二郎的用心给震撼了，感觉他的故事和我国的东北大爷王德顺差不多，虽然已经 80 多岁，但他们都在用亲身经历告诉我们：只要活着，就要工作；只要工作，就要用心。一旦你认真起来，你就会发现，整个世界都对你刮目相看。精益求精就是对自我的严格要求。要干，就好好干；不想干，就不要死皮赖脸地占位置，害人害己。

改变自我的道路非常痛苦，但是我会坚持，请大家监督。

张喜梅　今天下午，杨老师让我们看了一部电视纪录片。在日本，有一个小小的寿司店，远近顾客都非常认可，想要吃到这个店里的寿司，需要提前很长时间预订。会有这样的效果，是因为这个店的产品品质得到了客人的认可。这部纪录片是这次培训的一个缩影。这四天的课程非常受用，我们都亲身体验了。现在，我们已经知道什么是高标准，以后，我们要在工作当中坚持高标准，让我们的产品和服务得到大家的认可。

张娅慧　下午观看电视纪录片《寿司之神》，看到了小野二郎在经营寿司的一生中，执着用心，把一个简单的寿司做成了全世界的人很难吃到的产品。客人要吃到小野二郎的寿司，需要提前一个月预订。这种精神值得我们学习。1. 餐饮管理人员要做到：自律、用心、认真、到位，只有这样才能把我们喜欢的工作做到极致。2. 坚持用最好的食材，让顾客吃到最好吃的东西。

这几天的学习让我收获到：要热爱自己，热爱团队，热爱餐饮行业；接受批评，改变不足；在工作中，认真、仔细、严格要求自己。蜕变是痛苦的，蜕变后的自己是美丽的，要坚持。

在现实生活中也应该这样。既然我们选择了一个行业，就要从心底里去热爱它，把它当作人生中最值得奋斗的事情去做到极致，让自己从中感受到这份工作带给我们的快乐和责任。命运是掌握在自己手中的。你想成为什么样的人，成功还是失败，是完全由自己决定的。

这是第一阶段课程的最后一个总结了，非常感谢姬总、杨老师、王维老师、蒋瑞妮老师这几天的付出！

　　杨红梅　四天的培训时间结束了，过得真快！学的有点多，感觉有点懵，后续需要步步跟进，才能不白学。最后一天，杨老师给我们分享了落地方案，靠着大树好乘凉，相信以后会事半功倍。下午看了一部电视纪录片，感觉很震撼。那么一家不起眼的寿司店，竟然能做成米其林三星店，这是多大的功力！小野二郎的匠人精神让人从心底感到敬佩。一个寿司店需要提前一个月预订，有着两百年历史的单县羊肉汤，是否也可以做到这样？这次培训的主要目的，是让我们从心里接受高标准、严要求、真到位。杨老师拿出了洗手间卫生清扫前后的照片进行分析，真是没有对比就没有伤害，一直以为自己了不起，看到前后对比才知道自己的眼界不够，原来以前一直是在"闭门造车"。对于未来的工作，我愿意从身边小事做起，追求极致，创造头一锅和自己的辉煌。一屋不扫，何以扫天下？从持之以恒做起。

　　张德举　下午观看《寿司之神》。小野寿司拥有行业内最专业的供货商，因为专业，所以技高一筹。把简单的事重复做、用心做、坚持做，你就能成为具有权威的行业老大。其实这几天的学习，杨老师一直给我们灌输一种思想：无论做任何事情，都要用心做，把优秀坚持下去，成为一种习惯，让它融入我们的血液之中，这样我们想不成功都难。培训的最后阶段，通过对比蜕变前和蜕变后的照片，让我们看到了巨大的反差。在单县的餐饮市场里，头一锅可以说已经很牛了，但是如果要打开全国市场，那我们需要蜕变升级的地方就太多了。忽然想起了鹰之重生的故事。在以后的工作中，只要我们严格执行九字真经，就一定会越做越好。

　　孟州　每个企业都有一帮为梦想而拼搏的人。上午杨老师对落地进行了步骤分解，让我们对下一阶段的品牌提升有了清晰的认识。下午观看了纪录片《寿司之神》，对小野二郎在工作中的严格标准有了了解。一个人一旦选择了一份职业，就要投入所有精力，精益求精，在长期的重复工作中不断精进，一次比一次更好。难能可贵的是，这个标准不是别人给予的，而是他自己对自己的约束。70年日复一日，年复一年，这种精神与意志任何人都很难达到！这部纪录片让我看到了自身的很多短板，希望通过这次内训，能让自己快速地成长起来。

郭东华　四天的培训结束了，分享一下今天学习的主要内容。

今天中午，通过培训我认识到动员会是一定要开的。开动员会可以定标准、定方案，还可以分工、分区域，方便落实具体细节。不过，前提是要自身带头去干。

下午看到那部纪录片后，让我了解到"寿司之神"是一个多么敬业的老人，做起寿司来那么认真，没有一点马虎。按理说年纪都那么大了，应该回家养老，但他做事还是非常认真。正因为他的认真做事，认真选择食材，最后才成就了他自己的梦想。

他把"精益求精"这四个字传递给了孩子，所以他的孩子也成了寿司大师。通过这部纪录片，我体会到：做事一定要认真，只有真正实现高标准、严要求、真到位，才能达到公司的要求，同时也才能实现自己想要的结果。

邢建领　转眼之间四天的培训结束了。听杨老师的课，有一种越听越想听的感觉，幽默风趣，亲切和蔼。最主要的是，杨老师可以一针见血地指出问题，当场解决问题，而且还让大家心服口服，无怨无悔。这应该是管理的最高境界。

从第一天开始换服装，到后来打扫洗手间，以及站姿训练，老师让我们亲自动手，体会什么是标杆，什么是标准，什么是到位。这样才是真正的落地。不管什么事，都要自己当先锋，以身作则，以行动来服人，只有这样才可以管理他人，让别人心服口服。

以后定要坚守岗位，热爱工作，努力付出，创造更佳业绩，在姬总的带领下，让头一锅代表单县羊肉汤的最高水准，走向更广阔的市场，走向更光明的未来。

姬超源　今天早上杨老师教给我们的落地步骤，我们要尽快消化，尽早落实到实际工作中。下午，郭厨给我发信息，让我晚上下班来排练节目。在没排练前想了很多，设计了一些话语和动作，本来以为会很难，结果郭厨和建领上场表演了一下，完全出乎意料，表演得很顺，李总又在其中加了一些搞笑元素，感觉更饱满了。没做之前想的全是困难，做起来以后这些困难就是"纸老虎"。通过这几天仪容仪表的改变，店里人员也多少有了一些变化。以身作则能感染别人，比单纯说教来得快多了。

李明军　今天是管理层培训的最后一天，上午杨老师给我们讲了落地的重要步骤：

一、动员会（也是培训会）——让全员统一思想；

二、身先士卒；

三、点评激励，正激励占80%，负激励占20%；

四、督导、检查。

下午观看了日本纪录片《寿司之神》。主人公小野二郎是一位八十五岁的老人，一直工作在一线，他获得了米其林三星厨师的荣誉称号。他说过这样一句话，"一旦你决定好职业，你必须全心投入工作之中，你必须爱自己的工作，千万不要有怨言，你必须穷尽一生磨炼技能，这就是成功的秘诀，也是你让人敬重的关键。"这是他的职业观，也被他一生所信守。他对食材和自身要求严格，对徒弟们要求更严，一生追求"精益求精"，这就是标杆的力量。

5.6　受训学员为大家展示成果

进度：第一阶段第五天

时间：2019 年 4 月 6 日 7:30

地点：头一锅总店四楼大会议室

形式：舞台展示

受训学员展示内容（略）

杨铁锋　亲爱的头一锅的家人们，大家好！刚才，我们"头一锅管理层证书班"的学员们通过表演小品的方式，让大家对"六常法"和"超值服务"有了一些了解，他们的表现得到了大家的喜欢和认可。今天他们所表现的故事，就是这几天发生在我们头一锅的事情。头一锅的羊肉汤是一流的，菜品也不错，服务也还可以，但是我们洗手间的卫生却不尽人意。洗手间的卫生是一个"老大难"的问题，但是在前天下午，我们这11位学员利用两个小时的时间，把一楼的男卫、女卫和二楼的男卫清理得干干净净。他们付出了辛苦和努力，目的不是仅仅把这三个洗手间打扫干净，而是希望通过他们的带动，让我们头一锅总店前厅、洗手间、厨房，包括楼道的所有角落都能干干净净，希望我们二店、四店也能做到。在这里涉及的一个问题就是标准。我们总觉得我们的标准已经可以了，但是大家要想一想，看一看，除了洗手间，我们还有多少死角根本没有清理到位？

我们是头一锅人。从某种程度上来说，首先头一锅是品牌，其次它应该成为一种标准。这个标准是餐饮行业的标准，是我们单县羊肉汤的标准，是我们整个行业的标杆标准。如果说我们有很多死角，我们的标准不到位，即使将来走出单县，我们一样会被同行和顾客"打回原形"。通过这些天的培训，我们能够感受到受训人员那种积极向上的理念和信心，尤其是他们一些行为的改变，让我们感觉很振奋。在这里，我代表北京沣之道餐饮管理有限公司，向我们参训的11位学员表示崇高的敬意！谢谢你们，你们辛苦了！

人生，就是不断地折腾，不断地拓展视角。如果我们能够坚持按照现在这样的方式去拓展自己，提升水平，毫无疑问，头一锅一定会凤凰涅槃，腾飞万里！谢谢大家！

第六章

打造品牌提升方案

6.1　品牌提升方案的落地点评

杨铁锋　大家分享一下，你们这一个月做了哪些事情？经历过哪些困惑？取得了哪些收获？目前还有哪些问题？未来我们应该怎么办？每人三分钟。

（受训学员依次汇报）

姬玉梅　第一阶段培训结束之后，我感觉最欣慰的地方就是大家工装统一、动作规范，好像忽然之间变成正规军了。人员的仪容仪表就是企业的第一张名片。在企业的发展过程中，很少会发生那种特别重大的事情，更多的是小事。如果我们能把每一件小事都做好了，那么成功就是水到渠成的事。昨天，县领导开大会问大家 1+1+1+1 指的是什么？每个人理解的都不一样。我认为，我们是一个团队，把每一个人、每一件小事、每一个细节都做好，那么结果就会很好。我相信，通过 90 天的落地执行，我们头一锅会跑到同行业的前面。现在，期待杨老师给我们做第二阶段的培训。

杨铁锋　刚才，听大家讲了很多工作成绩，知道了这段时间顾客的反馈。我想应该还要再加一个内容，就是在第一阶段培训相关制度的落地过程中，你们遇到了哪些问题？你们的困惑是什么？这个内容更关键，也是我更想听到的。因为，你们的成绩不说我也知道，到现场看这个状况就知道了。你们现在开会的这个坐姿就是最好的展现，以后无论到哪里，都要把这个状态保持住，这样头一锅就是全国最好的餐饮企业。如果你能在自然的状态下把这个习惯带到工作当中去，你也会用这个标准去要求别人，那这个状态就会越来越好了。

一个月过去了，你觉得你在落实相关措施的过程当中，遇到的问题和困惑是什么？你有没有得到你的直接上级给予你的有效指导？你们在遇到问题的时候，相互之间有没有及时沟通？当员工不理解、反感的时候，你是不是能够发自内心地、主动地去解决这个问题？

头一锅想往外走，想一点点走向成功，在这个过程中，大家的机会很多。那么遇到这些机会，大家能不能够把握住？这都是摆在大家面前的问题。我特别想听这个。杨老师到这里的目的是来解决问题的。今天早上看到东华的着装，一看就是今天新换的衣服，没有经过熨烫，褶子还在，看着不舒服。挂烫机你们买了吗？大家的衣服一看就没有经过熨烫，和我们上次的要求差距太大了。如果你们每天上岗都能换一套干净衣服，熨烫得平平整整，那种状态就会比现在好多了。能够把衣服买回来，这叫外在；能够把衣服熨烫平整地达到一个新标准，是由内而外地想把这件事做好，这叫内在。

（部分学员分享）

杨红梅　这一个月遇到的困难挺多。我从服务员被提拔为经理，压力比较大，和员工的沟通上也没有好的方法。我和老板说，给我三个月，行就干下去，不行就下台。五一期间，顾客特别多，人员不够用，虽然我已经和楼层、传菜、后勤等环节员工反复交代有关事项，但是一到餐中还是乱。我想通过这次学习，尽快找到做经理的感觉，全力配合领导做好品牌升级。

杨铁锋　你刚才提那三个月是怎么回事？

杨红梅　当时我和员工发生一些摩擦后再去哄他们，觉得委屈。姬总说，如果这点委屈都受不了，怎么带团队？我当时表态说，我争取做到最好，也想给自己设一个期限，如果做得不好不能影响别人，不能阻碍别人去成长。

杨铁锋　红梅用三个月来给自己设限，不是不留后路，而是恰好在给自己留后路。这是一个非常不负责任的做法。上次我们在推行相关措施的时候，姬总说我们拿三个月做实验，我当时就不同意。我说我们不能做实验。一个企业总是在不停地实验当中向前推进，怎么会有结果？我们动不动就拿三个月做实验，一年能有几个三个月？头一锅从改名到现在，已经四年半的时间，中间做了多少个实验了？中间换了多少任经理？到目前为止，我们还没有形成一套完整的打法，是什么原因？不就是每一次的改进都是在做实验吗？通过这四到五年的时间，头一锅应该形成一套很成熟的打法了。怎么去管人，怎么去给大家培训，怎么定工作标准，怎么设计工作流程，怎么用制度去管理人财物。那为什么没有形成呢？

制定好一个标准，通过流程去做事情，通过制度去管人。有相当一部分员工不按照流程走，怎么办？用制度去卡，该罚的罚，该奖的奖，不就可以了吗？标准、流程、制度，这就是管理的三件宝。优秀的管理者就做三件事：做计划，做培训，做检查。告诉大家，告诉自己，我未来的一段时间要做哪些事，怎么做，和谁去做，什么时间做，达到什么目标。这叫"做计划"。员工不理解、不明白，怎么办？你要做培训。培训结束之后，员工仍然可能不去做，那就要做检查。这样，就可以把一个店管理得很好了。如果把这三件事想清楚了，说明白了，做到位了，管理工作很快就会按部就班地开展起来。

比如,洗手间的卫生问题,应该在每 30 分钟查一次的基础上实行三级检查,第一,本人要做;第二,领班要查;第三,经理要查;第四,店长要查。这叫一做三查。这样就不会出现问题了,这是一个团队的事情,千万不要认为这仅仅是员工的事儿。

6.2 忙碌是无能的表现

大家一定要树立这样一个观念。当员工表现不好的时候,不是员工不想做好,而是我们管理太无能。你应该把自己变成一个火种,想办法把团队燃烧起来!在具体的工作当中,不要轻易罚款。那多让人讨厌啊。另外,你们的例会千万不要开成"追悼会"。如果从早上开始,大家就哭丧着脸,今天的工作状态会好吗?你应该让整个会场气氛热烈起来。

作为管理者,你要知道哪些事应该由自己去解决,哪些事应该要上报给领导。你仅仅是跟领导抱怨,那有什么用?以后我们要有这样一个制度:每个人在抱怨一件事情的时候,后面要附两个建议,否则就不要抱怨。

孟 州 感觉自己的工作方式方法存在问题。第一,前期推行的东西大家不接受;第二,管理人员的自律性不够,安排下去的工作收不到回复;第三,主动性不够。我该怎么办?

杨铁锋 孟州的这种苦闷我很理解,因为从孟州最近一个月发出的照片看,有几次孟州穿的都是厨师的工服,这是很不合格的。一个总经理以一个厨师的身份出现,看起来好像是让自己忙起来了,但是一个总经理去做了厨师的工作，会拿厨师一样的工资吗？餐饮企业普遍存在这样一个怪现象，餐饮老板都特别希望拿一万元工资的总经理，去干值两千元的工作，比如去做保洁工作，甚至会受到很多人的表扬。大家觉得划算吗？

孟州是特别希望自己忙起来，实际上这是错的，总经理更多的应该是去发现问题，思考问题。刚才我说要计划、培训、检查，作为总店的店长，你要去想总店的未来应该怎样走，应该怎样去搭配员工。这是店长应该去思考的问题。比如，总店有三个保洁员，用一个保洁员行不行？不要保洁员可不可以？谁能够兼任保洁员？如果有人能够兼任，我们一个月给她多少钱合适？保洁员和保安可不可以合成一个岗位？库管可不可以兼任保洁员？会计可不可以？我相信，员工只要每个月能多拿 2 500 元，肯定愿意兼职这份工作。

作为店长，你把某个人派到某个楼层去当领班主管的时候，他能不能胜任？他的问题和困惑在哪里？他接受的培训是不是到位？他在哪些地方存在短板？你怎样帮助他解决这些短板？你要想在他的前面。这是做计划。店长最擅长的应该是培训，你要给大家进行培训。你得给大家讲故事并且要直击人心，让他发自内心地生出这个意念："我要改变自己，我要成功。"而不是仅仅把眼前的事情干好。当人们带着一个伟大的目标去做一件微小的事情的时候，他一定能把这件事情做好。

店长每天的工作是什么呢？就是四处巡视。千万别给自己找活儿，什么穿上厨师服去配菜啊，炒菜啊，传菜啊，那整个店就失控了。在每天饭口的时候，店长就应该站在吧台前面，随时随地地检查楼面和厨房有什么问题，订餐有什么问题，顾客有什么反馈，如果发现问题，马上就要解决问题。这是店长应该做的工作。

李明军　人员跟不上，一般都是一个人顶两个岗，一忙起来，没有储备人员帮忙，怎么办？

杨铁锋　给姬总提个醒，一般情况下，餐饮老板手里必须要有三批人：用一批，准备一批，熟悉一批。为了防止现有厨师团队突然离职，要准备一批，以便随时顶上。只要他想走，你就不要留，从本质来讲就留不住，因为他心里已经有离开的准备了。这批上来，还有一批等着呢。用这样的方法以备不测。

对于头一锅这样的店，一定要有专门的人力资源管理部门。人力资源管理部门要做什么呢？就是招聘、培训、定政策。通过招聘才能形成自己的人际圈子，对单县的厨师资源情况有一个了解，做好必要的人才储备。上次我过来给你们提出过员工分级管理，你会发现在实行分级管理后员工的工作态度马上就变了。不同技术，不同表现，其工资待遇是不一样的。推行分级管理，员工会特别希望被上级领导所认可，领导的认可，意味着他的工资收入可以提高。我们现在在人力资源管理方面仍然十分薄弱，企业招聘、培训、对未来的制度设计以及企业文化等工作都应该由人力资源管理部门负责。

6.3　第二阶段的培训计划

杨铁锋　我现在给大家看一组照片，是我这几天在头一锅几个店巡查的时候拍的。我们一起看看卫生方面存在哪些问题：

◆餐厅吊灯里面有灰尘、苍蝇；

◆ 楼道里网线、电线的安装不够规范；

◆ 室内名人照片、奖牌、食安宣传等摆放不合理；

◆ 未确定私人物品规范位置；

◆ 备餐柜中的餐具及其他物品随意摆放；

◆ 餐桌腿、椅子腿有明显污渍；

◆ 墙角、踢脚线破损严重；

◆ 瓷砖破损，缺块儿；

◆ 大门上各种贴纸未能及时清除；

◆ 门口卫生脏乱差，拖布随意摆放，油烟管道漏油。

品牌店和非品牌店的差距就体现在这些方面。如何解决这些问题，并让三个店达到一样的标准？我建议我们成立一个联合检查组，成员由我们参训的学员组成，对三个店的卫生进行检查。三个店也可借此机会互相比拼，彻底解决头一锅的卫生问题。

看了这些照片，超源有什么感觉？这些问题你觉得多长时间能处理完？

姬超源 打扫卫生快，但是维修贴砖做不了。

杨铁锋 贴砖应该谁来做？这么说吧，你觉得找一个维修师傅，多长时间能够干完？一天能不能干完？

姬超源 还行吧，要修的地方并不多。

杨铁锋 你去问过没有？你想没想过解决问题？

姬超源 没有。

杨铁锋 你看你都没行动，你说我们店长是做什么的？是要解决问题的，不是让你在这儿喊困难的！连你都是用这样一个态度来对待企业，这个品牌你觉得能做好吗？

姬超源　做这个工钱肯定高，在单县，工费一天得 260 元。

杨铁锋　是啊，那两百多元把它弄好值不值得？

姬超源　两百多元还不知道能不能搞定呢。

杨铁锋　姬总，就超源这个状态，我觉得真的没有必要让他当店长！

姬超源　修起来比较麻烦，就想着先凑合用吧。

杨铁锋　我不知道麻烦吗？你就根本没有想去解决这个问题！一讨论工作，你就问题一大堆，各种各样的"不可能"，还好像以企业利益为重似的。你想要找借口，借口永远都在。我相信你们会有很多种方法去解决这个问题。我们大家成立一个联合检查小组，进行一次联合检查行不行？怎么联合检查？谁来牵头？我们定个时间，明天早上七点半集合，进行三个店的卫生检查。我们全体一起三个店走一遍。第一次由我牵头进行检查，根据检查结果排序。

我们这次过来，总共五天时间。通过这五天的培训，我想让大家对一个餐饮店长应该具备的管理知识有一个比较系统的了解，给大家推开一扇门，让大家进入专业餐饮管理的初始境界。这次培训课程大致包括以下几个方面：

一、如何给自己和企业做一个合适的计划；

二、如何打造一个"标杆"团队；

三、如何进行督导；

四、如何制定企业的标准；

五、如何制定流程；

六、如何制定管理制度；

七、如何进行财务核算；

八、如何推进感动式服务。

我们通过上述八个模块，让大家的工作更加规范有序。如果大家用心地学习和实践，那么很快大家就能达到一个优秀的经理人的标准。

第七章

提高专业技能

7.1 做计划的方法

首先，我们来讨论一下怎样做计划？所谓计划，就是你在完成某项活动或工作之前，为协调相关各方的行动步骤，而预先设计的理念、方法和节奏。具体包括如下几个方面。

◆ 是什么？——为了实现什么样的目标。

◆ 为什么？——实现这个目标的原因。

◆ 做什么？——主要包括哪些内容。

◆ 谁来做？——将相关工作分配给所有参与的团队或个人。

◆ 什么时间？——某个活动或工作的开始到结束的时间安排。

◆ 在哪里？——在什么地点做这件事情。

制订计划的元素来自新闻写作的六要素，也就是 5 个 W 和 1 个 H，在制订计划的时候，我们也习惯于把它们称为"5W1H 要素"。按照这六个要素的模板制订计划，基本上可以将计划中的各个方面都能够考虑全面了。

制订计划要遵循什么样的原则呢？一般需要遵循以下四个原则。

◆ 真实可信。从实际出发，脚踏实地，具备可操作性。

◆ 充分调查。掌握一手数据和事实。

◆ 向最好的目标努力，做最坏的结果准备。

◆ 作业标准要专业、严谨、完整。实现"无数据，不计划"。

做计划有哪些方法呢？常见的方法有以下三种。

◆ 模板法：按照固有的格式，加入重新规划的内容，即老瓶装新酒。

◆ 模拟法：以某种成功的模式为样板，注入新的内容，即新瓶装新酒。

◆ 图表法：以数据为主，将数据和文字表格化，一目了然。

比如，某店在 2018 年完成了 1 000 万元的销售收入；2019 年完成了多少？2020 年、2021 年准备完成多少？这个店的销售收入、毛利率、净利率等指标准备实现多少？有什么样的措施保证完成指标？

一年计划，叫短期计划；五年计划，叫中期计划；10 年、20 年的计划，叫长期计划。长期计划由中期计划构成；而中期计划则由短期计划构成。它们之间是一个相互影响、相互修正的关系。

姬玉梅　关于头一锅的计划，我们准备明年开 30 家店，单县新开 3~6 家。今年建了一个养羊基地，建了一个中央厨房，都在落地的过程中。我们要用三年的时间大力把头一锅品牌推出去，连锁加盟店争取做到 300 家，后期的相关工作都配套了，做加盟不难了。这就是我们的三年计划。参加这次培训的这些人，是我们第一批的店长、储备店长，只要他们愿意，我们可以走联营、直营和加盟的模式，让他们去开店，公司承担风险，实现利润让他们先拿。

杨铁锋 对啊，姬总刚才讲的那些东西，如果用图表法把它挂在墙上，你们觉得有没有诱惑力？把我们 2020 年、2021 年、2022 年的工作目标直观地体现出来，对全体员工就能起到很好的激励和引领作用。员工有信心，团队就有保障。

好了，现在已经是下午五点了。今天的培训就到这里，谢谢大家！

7.2 "修理"姬超源

杨铁锋 我们在这里做头一锅的品牌提升培训，你们觉得最大的困惑是什么？你们一直都在回避，但我知道，这是你们心中"永远的痛"，不单是一个人，几乎所有人都有这样一个弱点。而且，不仅仅是在头一锅存在这样的问题，在整个餐饮行业，每一个企业可能都有这样的问题。

我不知道我如果把这个谜底揭开的话，会不会让你们感觉没面子。我想问你们，在和员工接触的时候，你站在员工面前，害怕不害怕？尤其是给员工安排工作的时候，害怕不害怕？你和他们交朋友的时候，你不怕，但是在给员工安排工作的时候，你们害怕不害怕？怕不怕得罪他？怕不怕他不合作？怕不怕他不干？怕不怕他扭头就走？如果你怕，你就在和员工的较量当中自然而然地退到后面去了，你不敢去真正地领导他。和员工站在一起的时候，你们是处在领导的位置和心态上吗？你们发挥出管理者的领导力了吗？

在头一锅，有一个人的领导力很强，她就是姬总。姬总多年来养成了一个习惯，就是若定下了一个目标，她一定要想办法去完成它。你们仔细想一想，姬总和员工在一起的时候，是如何和员工打交道、如何提升领导力的。

我经常到头一锅来，每次过来，也会多少给大家做一些培训，想一些办法"折磨"你们。你们觉得我怕不怕你们？

李明军 不怕。

姬超源 这个不知道。一个人再强大，也怕别人和你对抗。

杨铁锋 怎么对抗呢？

姬超源 比如说你想让他这个样子，他偏偏就那个样子。

杨铁锋 超源，你注意到没有？我的内心一点都不怕你，我的眼睛一直在盯着你，所以，你现在的眼神是在躲着我。而且不自觉地，你的语气就变得更加结巴了。

姬超源 没办法啊，老板在这儿，我肯定得怕啊。

杨铁锋 那为什么你的老板跟我一伙儿呢？我觉得超源这话说得特别没有出息！真的，超源，我对你真是很失望！你说你看在老板的面子上才怕我，你觉得有意思吗？你做工作是给老板做的？我告诉你超源，这个怕或者不怕，就是看谁能够真正讲道理。比如，你的卫生做成那个样子，你敢说你不怕？如果你不怕，只能说你这人脸皮太厚，就这样了，死猪不怕开水烫，无所谓了。你和李明军一人管理一个小店，人家管理得那么好，你管理得那么差，你好意思吗？因为老板在这里，所以你就在这忍，为了干这个工作就得忍，你累不累？你的工作标准要是比老板高，让我们大家都以你为荣，你怎么会怕呢！我觉得超源现在进入了一个迷茫的阶段。

好了，我抨击得差不多了。我们安慰他一下。大家一起来说一说超源的优点有哪些？

他的优点有：勇敢，爱笑（好脾气），会跳舞，好丈夫，会算账，乐于助人。

他的缺点有：标准低，懒散，不服从。

我想告诉大家这样一个方法，就是不躲避、不回避，直面对方，先让对方将所有的抱怨发泄出来，把问题提出来。这对于管理者来说是一个很好的沟通机会。别人对你发难，不要把这种发难强行地忍下，你要迎上去。

这是第一件事，就是先让大家来为难自己。当然，前提是你自己真的要有这个功力，你没有这个功力，三下两下就被大家从这个台上"怼"下去了，那就麻烦了。

第二件事你该干吗呢？你该"折磨"别人了！谁不老实你就"折磨"谁。直到将他"折磨"服了，让他看见你晚上就做噩梦，这样他在工作上才能够配合你。

比如，超源刚才讲的那句话，我就特别不喜欢听，"老板在这儿，我肯定得怕啊。"遇到这样的难听话，能躲避吗？不能，必须得用十倍的火力还击，让他知难而退，这叫"杀鸡给猴看"。否则，后面的工作就没有办法进行了。如果我自己解决不了这个问题，那就要想办法拉外援。刚才我就顺便把超源的问题转移到姬总的火力下，让姬总憋不住了，一顿批评，借力就把他"收拾"了。

在一个企业里，我们经常会遇到员工的不配合，员工的不认同，那我们就要去"折磨"他。"豆饼不压不出油，人不修理艮啾啾。"一个优秀的管理人员，必须要学会"折磨"员工。

如果你能够成为执行管理制度的标杆，那么你还会怕老板、怕员工吗？

我问大家一个问题：作为企业的管理者，应不应该去执行管理制度？

大家都说"应该"。我的观点是：管理者就不应该去执行管理制度。因为，企业管理制度是规范企业日常工作的最低标准，那是约束我们企业最底层的员工的，不是用来约束管理者的。管理者应该用一个更高的标准来要求自己！要求员工九点上岗，管理者就应该提前半小时甚至一小时上岗。提前过来多琢磨一下昨天的问题、今天的安排、明天的计划，这才叫管理者。你要是按照正常的酒店管理制度，早九点来，晚九点走，那你不就是一个普通的员工吗？怎么可能起到管理人员的模范带头作用？

今天上午到超源那个店，去二楼找走廊灯的开关，超源都不知道是哪个。我说的没错吧？又想找借口！你能不能直截了当地说，是怎么样就是怎么样！当你在想借口的时候，所有人都能看明白。你可能嘴上赢了，但实际上你会赢吗？

在看待每一个人到底有多大能力的时候，我们不看这个人怎么说，主要看这个人到底能不能拿出个结果来。同样的两个小店，明军那个店的卫生是怎么做的？超源的那个店是怎么做的？差距太大了！从这个结果看，他们两个对餐厅的熟悉程度和感情明显不一样。

我们不仅要"折磨"下属，还要琢磨他在工作当中有哪些特点。我们的任务是把他的特长挖掘出来，把他的短处限制住。他是习惯解决问题，还是习惯找借口？通过这个结果，我们很容易判断员工的工作态度和工作习惯。

第三件事就是要形成一个很好的计划。即使没有形成文字，也要在脑海里反复推敲，盘算具体细节。遇到困难怎么办，是停下来，还是跨过去？

超源的状态表明，他在餐饮行业中还处于"菜鸟"级别。如果是在别的企业，他的这种工作习惯很快就可能导致自己被辞退。因为你是姬总的侄子，所以还能在这里虚度光阴。超源觉得自己没有犯什么错误，但你却肯定没有功劳。一说到你的什么问题，你永远在告诉我们，你做不到，尤其还表现出来那种"你看，我很牛，我就是做不到"的架势！正常的态度是什么呢？应该用很愧疚的语气告诉我：杨老师，我没有做到，对不起大家了！这样才对。

我为什么把焦点反复集中在超源这里？是因为超源这里的卫生最差！我最上火的是超源这里，最不放心的也是超源这里。对于老店的提高，我相信孟州在开完会就知道如何去"折磨"前厅员工，如何去"折磨"厨房员工；明军这块儿，他会哈下腰自己去干；现在最大的难题就在超源这儿。头一锅在单县要做的是品牌，你看超源那里的卫生状况，头一锅成不了品牌。

明天给大家一天时间，自我检查，自我改进，我们后天早晨继续检查。后天我们就要"真刀真枪"地查了，哪个店表现不好，店长真要发红包了。我们必须要让你疼，让你难受，让你有压力。

为了搞好卫生，我们先来做一个计划，这个计划的题目设定为"品牌提升卫生达标工作计划"。

第一步，制定目标。大家自己写自己的。统一目标就是，为使头一锅真正实现品牌提升工作中的卫生达标要求，特制订以下工作计划。

第二步，写内容。写出在你的工作区域内需要完成的卫生工作包括哪些。具体到洗手间、走廊、备餐间、厨房、收银台等。

第三步，推进方法。每天、每周、每月、每季度的卫生清洁工作内容。

在推进方法中要包括有效的举措，同时要把卫生清洁的具体方法告诉员工。

第四步，确定具体时间。从哪一天开始，到哪一天结束，要明确什么时间做动员、什么时间清理什么部位。

第五步，确定领导机构。总指挥：姬玉梅；常务总指挥：……领导机构小组成员由各个门店店长和管理骨干担任。

第六步，宣传推广。大家有好的案例、好的做法都可以展示出来，我们要做好店内店外的宣传推广。三个店的企业文化墙要充分利用好，哪个员工表现好就把他的大照片拿过来，放到文化墙上宣传。哪个区域表现好，就把负责人评为优秀小组或者光荣卫生小组，照片往墙上一挂，让他们实现展示自我的梦想。

第七步，办公地点。办公室就设在头一锅总部。

制订这个计划的目的，是将你脑海里面的东西，用文字的方式分享给大家，让所有人都认同你的想法。我们三个店都存在这样的问题：有很多事情，在你们的脑海里是有计划的，也想把这件事做好，但是你贯彻不到企业的"神经末梢"，贯彻不到每一位员工那里。你自己急得够呛，但是员工还不知道你为什么急。在你制订了这个计划以后，对于未来要做什么事情，要怎么做，通过什么方式去做，员工就心领神会了。

姬玉梅　杨老师说的我非常赞同。我觉得头一锅也要将很多工作形成数字化的东西。

我们再来说一下食品安全。今天的餐饮企业是根据哪一部法律来进行餐厅厨房管理的？是《中华人民共和国食品安全法》。我们所有人都要非常用心地去研究这部法律，你要成为这部法律的专家。它包括以下内容：

◆总则；

◆食品安全风险监测和评估；

◆食品安全标准；

◆食品生产经营；

◆ 食品检验；

◆ 食品进出口；

◆ 食品安全事故处置；

◆ 监督管理；

◆ 法律责任；

◆ 附则。

我给你们的建议是，你们应该把这十项很清楚地背下来！我们设计厨房面积、条件、结构的依据是什么？就是这部法律。

7.3 演讲，就是给大家讲故事

进度：第二阶段第三天上午

时间：2019 年 5 月 15 日 07:30

地点：头一锅公司会议室

形式：围坐

（受训人员到达后，有几个人对前一天的培训做了简单分享）

杨铁锋 我提醒你们，你们在人前分享，不是你说完就完了，你要观察与会者的现场表情，他是听进去了，还是没有听进去？你们注意到没有，孟州在分享自己的想法的时候，东华就一直在走神，超源在发呆。作为管理者，在开会的时候，你要看到每一个人的表情，他在想什么？他是否听进去了？这里面有一个现实的问题，就是我们在人前讲话的时候，为什么别人可能接收不到我们所表述的信息？

开会的时候，你应该用演讲的语言和标准来给大家分享，而不是用平铺直叙的方式。文似看山不喜平，错落有致显风采。你内心的感受是波涛起伏的，这种起伏要通过声音的高低、强弱、快慢传递出去，这才叫演讲。用那种平铺直叙的方式在人前讲话，没有谁能听进去。

讲话就是一种演讲。你们每一个人在给员工开例会时，所进行的讲话也是一种演讲。只有这种带有感情色彩的演讲，才会让别人感兴趣。这个技巧是需要练习才能掌握的。

在演讲当中，我们最忌讳的方式是单调地给大家讲道理。从小到大，你们喜不喜欢听大人们讲道理？你们的父母、你们的老师，天天告诉你长大要好好学习，要听话，要讲卫生，要遵守时间，这种没完没了地讲道理，你们喜不喜欢？但如果用讲故事的方式来讲道理，那效果就不一样了。

所以，做好演讲的重要因素就是要讲故事，而不是讲道理。头一锅曾经有一位大姐叫秦丽红，两年前离开头一锅去了其他企业。后来我再来单县的时候，她专门来看我，还给我拿了一袋单县特产徽子，说："杨老师，您来单县了，我来看看您，这些年我进步挺大的，非常感谢您。以后有机会，我还要参加你的培训。"

刚才，我其实是给你们讲了一个故事。你们对这个故事感兴趣吗？你们彼此看看对方的眼神，听没听进去？我只不过是分享了一个小故事，你看你们的眼神，明显就是接收到了。这就是故事的魅力。

在这个小故事中，你要专门树立一个榜样，榜样的力量是巨大的。在头一锅，论对卫生标准的自我约束，榜样就应该是娅慧。头一锅对娅慧的宣传远远不够，应该把娅慧漂亮的大照片放在餐厅里，让娅慧总结一些有关清洁卫生的标语，每天与大家分享，比如，"比爱自己的眼睛更爱搞卫生"，这很可能成为经典。我们再给娅慧起一个好听的"外号"——"三爱"，无论走到哪里，大家都叫她"三爱姐姐"，这个故事就完美了。我们全体员工一起在朋友圈内推送"三爱姐姐"的故事，这个榜样就树立起来了。在我们单县的服务业当中，一提起"三爱姐姐"，大家就知道是头一锅的娅慧，这要比单独宣传头一锅强多了。顾客以后进店吃饭，一看到这就是"三爱姐姐"，而且今天由三爱姐姐为大家服务，这次消费的性价比就提高了。

顺便给大家提一个建议：每一位员工应该在衣服上戴一个名牌，把自己的名字写上。这个名字可以是你的"笔名"，比如牡丹、月季、玫瑰、苹果、桃子、樱桃、葡萄、菠萝、榴梿等。用这些方法给自己起名字，生动形象，容易传播，红梅把这些方法记下来，你们在以后的服务工作中可以用上。

这个世界上有两件事最难。第一件事，是把钱从别人兜里"掏"出来，放在自己兜里；第二件事，是把自己的思想"掏"出来，放在别人脑子里。我们餐饮企业的管理人员，每天要做的事情就是这两件事。

我们来总结一下。在人前演讲，第一，声音要有高有低；第二，节奏要有紧有慢；第三，演讲的核心要素是给大家讲故事；第四，演讲一定要真情实感。对于其他的要素，比如使用普通话、增加文化底蕴、注意遣词造句等，大家慢慢提高就好。

7.4 流程是让大家把事情做对

下面我们来分享"流程"方面的内容。所谓流程，听起来很麻烦，其实就是让大家把事情做对的方法。

给大家看一张图片。这是一个朋友前两天去日本旅游，在洗手间里看到的文字，他就拍下来发给我了。马桶后面的墙上，专门撰写了一个流程，说明这个马桶的使用方法。

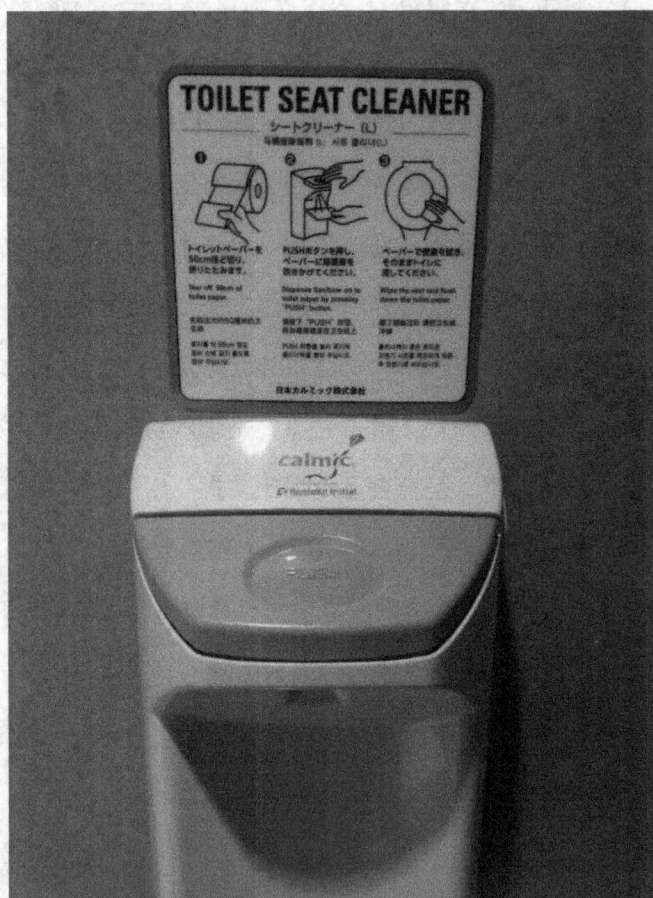

第一步，取出大约 50cm 的卫生纸；

第二步，按下"PUSH"按钮，将消毒液喷涂在卫生纸上；

第三步，擦拭马桶后请把卫生纸冲掉。

在这个流程的上面还配有图片说明，这样就把马桶的使用方法明明白白地说清楚了。

有了这张简单的图片，无论是哪个国家的人，都很容易看懂马桶的使用方法。我经常到各地出差，无论是坐飞机、坐高铁还是入住宾馆，最头疼的事情就是遇到不会用马桶的情况，日本人很聪明，用这样一个简单的方法就把这个难题解决了，减少了很多烦恼。

这就是一种流程，一种让大家把事情做对的方法。

你们觉得做流程难吗？实际是不难的。大家会觉得难，都是因为不动手，把期待留在了想象里！

师傅带徒弟，绝大多数的师傅都会嫌弃徒弟笨。我曾读过这样一个故事：江湖上有两个高手，一个水平很高，一个水平稍逊。两人一次比武后，约定若干年之后，由他们各自的徒弟再来进行比试。到了约定时间以后，两人各带徒弟前来。三场比武过后，水平很高的师傅带来的徒弟败了，而那个水平稍逊的师傅带来的徒弟却赢了。为什么？

水平高的师傅虽武功高强，但脾气暴躁，他认为很多技巧靠悟性就可以学会，所以徒弟没学会他抬手就打，慢慢地把徒弟打得不懂装懂。而另外一位师傅呢，他自己本身的武功不行，但是他的眼界很高，平常的功夫他都见过，所以他在教徒弟的时候，能够和徒弟在一起商量沟通，让徒弟养成了敢想敢干的习惯，总结出自己的一套办法，越练越熟练，最后终于成为武学大家。

如果这位高手师傅不心浮气躁，能够把自己的训练方法写成"流程"，让徒弟"按图索骥"，我相信结果会好得多。所谓流程，就是把做事的顺序分成几个步骤，便于大家按照最合理的方法去完成。

写流程并不难。当企业的各种标准确定后,为了能够在后续的工作中达到这个标准,需要把实现这个标准的方法通过流程固化下来。餐饮管理不规范,原因就是在标准化、流程化、制度化这三化的缺失上。大家习惯性地觉得,标准、流程、制度这些东西应该是专家写的,其实专家是写不出来的。比如,做一道头一锅红烧肉,你觉得是东华做得好还是杨老师做得好? 肯定是东华做得好。所以在做流程的时候,只有东华才能一下子把核心的东西提炼出来,所以东华写这个流程是最好的。我知道,大家在写流程的时候,是有畏难情绪的,觉得自己的文字功力不够,怕写不明白。在这里我分享一个写菜品流程的模板,以后你们按照这个模板填内容就可以了。哪个师傅想再上新菜品,必须先把流程写出来,只有经过领导审核批准后,才能够进入企业的产品库里。

餐饮企业菜品制作流程

品名	单县红烧肉	图片
主料	猪肉下五花肉 1 000g	
辅料	冰糖 50g,老抽若干,味精 30g	

做法:
1. 选三层五花肉 1 000g(下五花),切成 3cm×3cm 方丁;
2. 锅里凉水烧开,放肉,三分钟后捞出待用;
3. 将肉品放进高压锅,加冰糖 50g,老抽若干,水 50g,味精 30g;
4. 上火压制 15 分钟;
5. 开盖盛盘。500g/盘。

批准人:　　　　　审核人:　　　　　　　　起草人:

餐饮企业的菜品做法流程是给谁看的？是给所有烹制这道菜的后来者看的。这个后来者你可能认识，也可能不认识，但是只要他看到你设计的这个菜品制造流程，他就会了，你们制作的菜品的口味就一致了。你就成功了。

大家想想，餐厅里面哪些工作需要流程？洗手间的卫生清理，清洗碗碟，摆明档，订餐，服务，烹饪等，都需要用流程来规范。

当有了流程后，餐厅里面就没有所谓的"技术大拿"了，这有利于企业技术力量的快速成长。

姬玉梅　在这一点上我插句话。有秘密的烹饪技术成就不了什么大事；没有秘密的东西往往发展得更快。单县羊肉汤的烹制哪有什么秘密，厨师应该心大点，把其他人都带出来，真正的好东西越宣传越大。

杨铁锋　我们来讨论一下所谓的"秘密"。在餐饮市场的竞争当中，这个品牌和那个品牌之所以能够拉开距离，店内卫生是一个非常重要的因素。搞卫生有秘密吗？没有吧。那么为什么很多企业做不到呢？餐饮企业成功的真正秘密是企业能够始终如一地坚持原则。企业和企业的争斗是在品牌的赛道上进行的。

昨天晚上，我们在头一锅总店大厅吃饭。我一抬头，看见外面来了一辆皖F开头的车。我在手机上查了一下，是安徽淮北的牌照。车上下来几个人，从看见店面开始，就拿着手机到处拍照。我告诉姬总，这肯定是同行来了。果然，后来他们到吧台找老板，要谈谈合作的事情。

姬玉梅　他们是想开店的。吃完饭以后，临走的时候还带了10提羊肉汤，消费将近2 000元。

大家做一个练习。根据你自己门店的情况，写一个你自己部门某个岗位

的流程。厨师长可以写一个每日工作流程，早上几点到店，先做哪些准备，

几点开例会，开完例会干什么，等等。

超源把四店的每日工作流程做出来了，我们来看一看。

头一锅四店店长每日工作流程

1. 检查收银系统、查看午餐营业情况（9:00）

2. 开早例会（9:10）

3. 打扫卫生、验货（9:10—9:30）

4. 餐前检查（11:00）

5. 餐中督导（11:30—14:00）

6. 收餐、打扫卫生（14:00—14:30）

7. 开下午例会（17:00）

8. 进货单据归类整理（17:10—17:40）

9. 餐前检查（18:00）

10. 餐中督导（18:30—21:00）

11. 营业额统计、检查、拍照、发报表（21:00—21:30）

12. 下班检查门锁

这个流程是超源自己整理出来的，以后的店长就可以按照这个流程去做

每天的工作了。

今天上午我们探讨了关于流程如何制作的内容。现在我们知道，运用流

程可以让我们每个人有条理地工作。

我们再来看一看这个"洗手间卫生检查报表"。这是一份洗手间卫生检

查流程，它规定了保洁员、主管和前厅经理的卫生检查流程，保证洗手间随时随地符合卫生清洁标准。

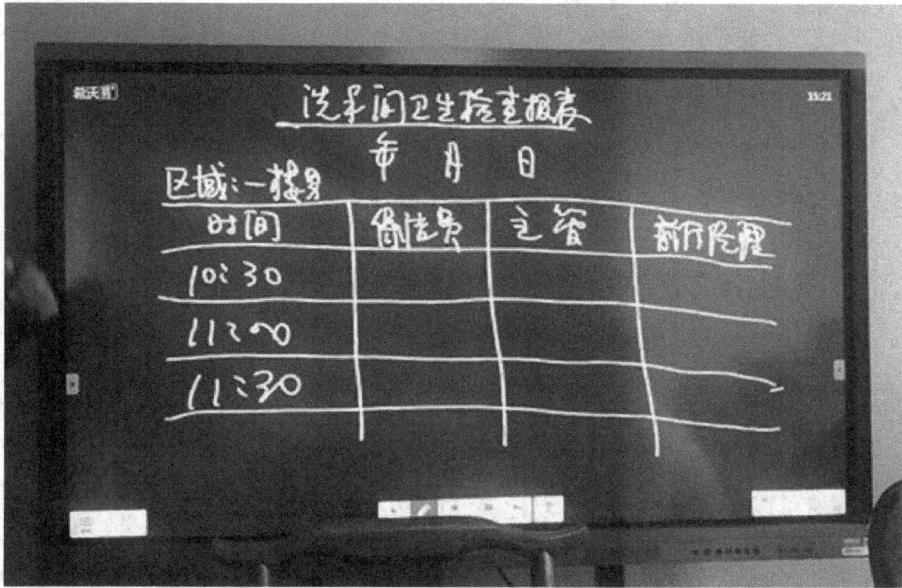

这个图片大家可以记下来，做成表格打印出来，用一个本夹子夹上，挂到洗手间的墙上。男、女洗手间各一个，按着上面规定的时间检查。如果上面的三个人都签字了，卫生仍然不合格，说明这三个人的工作都不到位，店长可以对相关人员给予处罚，一天有一张表就够了。

另外，我们还可以设计一张"餐厅卫生检查表"，检查范围包括前厅的地面、墙面、棚面，以及包房、走廊、洗手间、门前广场，后厨的凉菜房、热菜间、面点间等区域，用一个表格把流程固化下来。

7.5 成为有效的管理者

杨铁锋 我们来研究一个概念：什么是管理？

案例讨论：某餐厅在提升卫生标准过程中，董事长要求店长将门前卫生尽快清理到位！店长说：好的，我马上去清理。

问题：店长的做法是否正确？

大家来讨论一下。

郭东华 我想应该是不正确的。

孟 州 我觉得应该是正确的。店长作为第一负责人，肯定要马上去处理。当然可以自己来做，也可以让保洁员过去清理。

李明军 接到董事长要求后，看现场是否有闲杂人员，如果有，就让他来一起把卫生打扫了。用餐高峰结束后，召集有关人员核查问题原因，再一次明确区域负责人，明晰区域卫生责任。不过，首先要带人把卫生清理到位，然后再责任到人。

姬玉梅 什么叫管理？管理就是没有问题的时候去发现问题。店长的正确做法不是自己马上去干，而是应该根据老板说的情况分析一下，怎么样动员大家一起去做。把这个事情分配好才是正确的管理之道。

杨铁锋 姬总这个答案是正确的。我们来给管理下一个定义。

所谓管理，是岗位责任人为了提高组织效率，通过他人实现企业目标的思想或行为。

管理的目的是"提高效率"；管理的手段是"通过他人"；管理的内容

是"管理思想"和"管理行为"。头一锅的三个店都或多或少存在"管理低效"的问题，管理者习惯自己事必躬亲，冲锋在前，这无法打造齐心协力的团队，对于企业发展是有百害而无一利的。

我们来分析一下上面的案例。董事长的目的是把门前卫生尽快清理到位，这个"尽快清理到位"不是仅仅限于今天，他是希望以后天天都能够清理到位。可是店长说"好的，我马上去清理"，这意味着店长亲自去做了。今天是到位了，那下一次怎么办？下一次还得是店长自己去做。头一锅的几个店是不是存在这样的问题——"按倒葫芦起来瓢"，管理者总是将自己定位为"救火员"。当管理者把自己的注意力放到诸多细枝末节的时候，毫无疑问，这就意味着管理者对整体的工作方向已经开始失去控制了。

我们打一个比方。一辆大巴车正在高速公路上行驶，突然有一个旅客说自己肚子疼了，于是司机放下方向盘，赶紧过去抢救这位顾客。这个行为对还是不对？大家都知道这是不对的。司机扔掉方向盘去抢救旅客，方向盘就会失控，搞不好就会车毁人亡。但在很多企业里，这样的情况却是很常见的。有太多的店长习惯性地就把"方向盘"扔了，去忙一个老板能看到的所谓紧急的工作。一店之长要解决的是一个店的营运工作，而不仅仅是某一个区域的营运工作，管理者应该具有大局观，每天早上的第一件事应该是站在店门前想一想，今天我这个店有哪些事情是重要的？哪些事情是紧急的？哪些事情是既重要又紧急的？分出轻重缓急以后，再来决定自己的时间安排。管理者不是说让自己变得更忙才是最好的。

管理的核心工作有两个。一个叫思维降解。就是把大家难以理解的事情，通过管理者的思想过滤后，用一个非常简单的大白话说清楚，让每一个员工都能听得懂，这叫思维降解。另一个叫行动分解。这件事情很重要，实际上就是工作分工。思维降解是把想法说清楚，行动分解是把要做的事情分明白。在管理工作的具体实施中，这两个是核心内容。

企业的管理工作要通过管理制度来规范和落地。口头上的管理制度容易流于形式，换一个领导，可能就把原来的规定全部推翻了，许多精华的东西也有可能被丢掉。把管理制度固化成文字，无论哪个管理人员上任，都必须按照我们固有的方法开展工作，这样就能避免出现朝令夕改的情况。

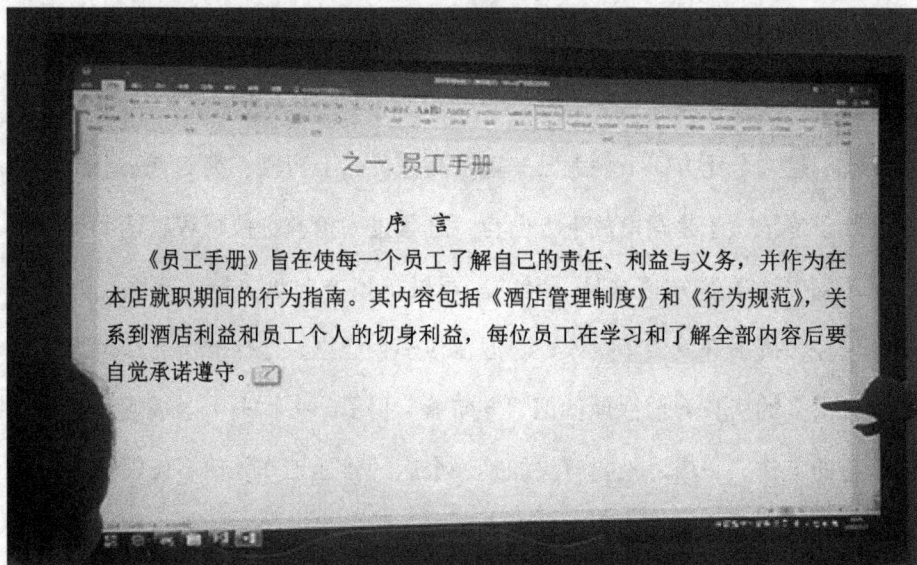

上图中的管理制度是我们为头一锅设计的模板，大家仔细审阅，看看存在哪些问题。在这个制度中，有些内容是比较详细的。比如，在员工入职时，需要完善入职手续，提供身份证、健康证、暂住证、学历证及其所有复印件等，同时填写员工入职登记表。员工要参加岗前培训，根据员工素质、

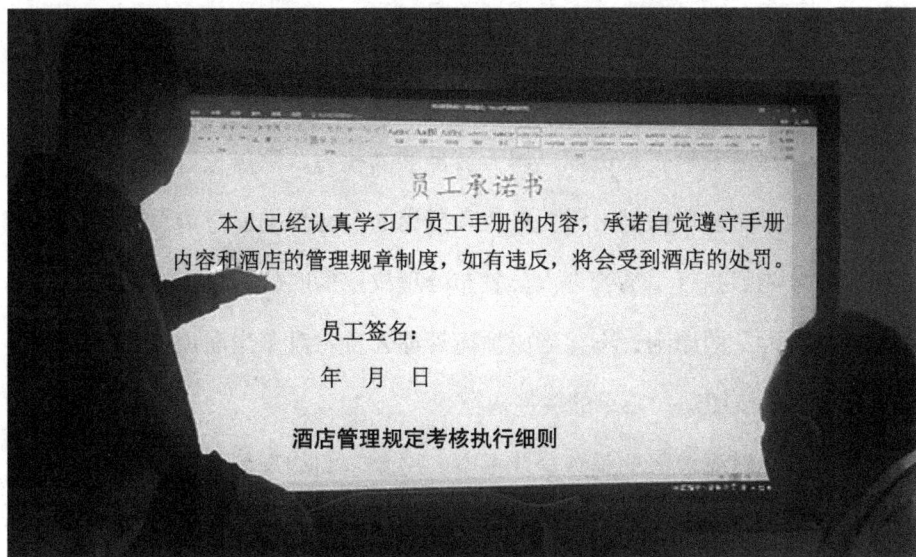

品德、技能、表现确定员工是否继续任用，任用后签订正式劳动合同。

员工在上岗之前要签订一份"员工承诺书"，他在承诺书上郑重签字，这样，在后面执行制度的时候，可以避免有些员工寻找借口躲避惩罚。

在执行管理制度的时候，我们必须要强调执行力。管理人员必须要培养员工的"服从"意识，让其养成将事情做到位的习惯。有些管理者做事情，习惯于应付上级的要求，无论怎样沟通，总是拿出一堆借口，强调这件事自己做不到。做不到一定是不行的，我们要的就是结果。给你这些工资，你就要给我结果，就这么简单。如果你没有给我结果，意味着你没有兑现自己的承诺。

我给大家提个建议，它也是对各个岗位员工工作内容的一个形象比喻：一线员工要拼命干，中层管理人员要"悠"着干，高级管理人员要"溜达"

着干。但"溜达"着干并不是允许你脱岗。一个店的总经理，每天在岗时，要更多地进行巡视，目的是发现问题和解决问题。他要拿着"鞭子"工作，前面给奖励，后面给惩罚，即"胡萝卜加大棒"，这样的管理才有效果。

另外，要给予检查人员和经理人员足够的权力。除店长以外，任何人无权对制度做出更改和撤销。需要更改和撤销的，必须书面报请总经理，经研究同意后才能够执行。当管理人员发布处理决定的时候，员工必须坚持"先服从、后申诉"的原则，不得当面顶撞管理人员。对于当面顶撞和拒绝接受处分的行为，按照惩罚结果的两倍执行。

我曾经去沿海地区的餐饮企业考察，感觉它们的现场管控做得真好。在他们的厨房里，厨师的着装永远是整齐划一的，上身是白色工服，下身是黑白格的"萝卜裤"，脚上穿的是黑袜子和皮鞋，看起来非常精神。

在执行管理制度的时候特别容易出现的情况是管理制度是管员工的，管不了管理者。餐饮企业往往会犯这样的错误，即"管理人员有病，让员工吃药"，这种做法不对。正确的做法应该是：员工有病，让管理者吃药。只有管理者才能解决员工的病症。

管理的目的是提高效率。为什么要提高效率呢？因为在一个企业当中最值钱的资源就是时间。假如你每天能攒下 200 元，一年能攒 7.2 万元，如果能攒 100 年，那就是 720 万元。如果能攒到 1 000 年，你就成为千万富翁啦！可是，我们活不到 1 000 岁。所以，只有时间是稀缺的。

我们要想办法"压榨"自己的时间，把自己的时间充分利用好。头一锅花钱请大家来这里工作，购买的也是你们的时间。大家能够给企业的最好回报，就是在指定时间，按照企业的要求，去做指定的事情。这是岗位职责赋予每一个人的神圣使命，希望大家在以后的工作中，提高效率，改进管理，节约时间，为头一锅的发展做出自己应有的贡献。

明天早上，我们首先对三个店的卫生进行联合检查，请大家做好准备。

要求：高标准。

今天下午的分享就到这里，谢谢大家。

第八章

向海底捞学服务

8.1　50项感动式特色服务

（早晨7:30集合，去各店联合检查卫生情况）

大家用简要的语言，对今天早上的卫生检查做一个总结。

李明军　我检查的对象是四店。感觉四店比以前整洁了，但是有些细节做得不是很到位，其他都还挺好的。

杨铁锋　细节都有哪些？

李明军　像开关上的油渍，门缝、踢脚线死角，包括厨房死角，都是平常很难注意到的地方。大面上没什么问题。

姬玉梅　如果打分你给打多少分？

李明军　80分。

杨铁锋　明军的卫生标准有问题。四店的卫生有两个最大的问题他没有发现：第一，店门口前面的地面不干净，他们只是把台阶上面收拾了，台阶下面的沙子、灰土都在；第二，厨房里的排风管道很脏，上面的卫生没做，那就不是死角了，就在明面上。两个这么大的地方卫生不合格，罚你不冤枉吧？自己说乐捐多少？发红包就行。好，100元。这是对你检查卫生不负责、不用心、不到位的惩罚。

孟　州　我检查的地方是二店。门前空地、对面的垃圾桶、整体的墙面、油烟机、外面的玻璃、烟灶侧面、插座、厨房里面的死角都不合格；前厅的门框、明档上的高处卫生、洗手间的地面、踢脚线、下水管、水池下、楼梯口的边缝里面、墙上路由器、包间窗台、灯顶，等等，都不合格。

杨铁锋　明军听到是哪些地方了吗？要多久能完成改进？

李明军　两天时间完成。

杨铁锋　好，给你和超源三天时间，三天以后继续查。孟州，二店的卫生，有两个地方是我给你查出来的，第一个是门框上面，第二个是吧台。吧台里面太乱了，那个烟灰缸里面全是垃圾。两个地方没有查出来，自己认罚多少？

孟　州　我给大家发个大红包。

杨铁锋　不要大的。最小 100 元，最大 200 元。超出就没意思了。

我这个方法是突然袭击，就是想看看你们在检查当中是不是负责任。刚才的乐捐，你们感觉冤不冤？你们虽然也很用心地去查了，但还是有看不到的地方。

姬超源　总店的门前卫生，直到路边都没有清理完。搞活动留下的飘带、条幅和小广告都没有清理掉。一楼玻璃上面的胶带胶没有清理干净。后厨的下水道盖子，凉菜间地面，桌子上的抹布是脏的，吊柜上也不干净。二楼凡是靠路边的窗户都不干净，桌子上有油。就这么多了，十分钟查不完。

杨铁锋　后天下午两点半，我们要开展自查。你们自己要用心去查。

你们组织大家搞卫生，这是餐厅管理的一项日常工作。在推进管理工作中，主要的管理方式叫层次管理，下管一级。为什么要坚持层次管理、下管一级呢？这是因为每个管理者的管理能力受管理幅度的限制，常规的管理幅度是下管 12 个人，最多 18 个人。这个数字是管理专家们根据企业管理的实际情况进行测算的。所以，你们在推进各项工作的时候，一定不能让自己面对 30 个人以上。你要把面前这些人分成组，你只需要管理这些小组的负责人就可以了。

我们今天要学习的内容是如何做好感动式服务，不断提高顾客满意度。主要分享 50 项感动式特色服务。下面，由北京沣之道餐饮管理培训师王维老师为大家分享"感动式服务"的内容。

王　维　以前有学员参加过杨老师的店长培训，知道沣之道的服务理念是什么吗？

学　员　无微不至，有求必应。

王　维　那怎么样才能无微不至呢？服务最重要的是什么？

杨红梅　做好细节，就是从身边的小事做起。比如，看见客人水杯空了就立刻给他倒满水。

张秀娟　我觉得就是做好小事，例如，客人手上有伤口，递个创可贴；客人感冒了，就熬杯姜汤，从这些小事着手做。

王　维　餐厅服务就要眼观六路，耳听八方，服务意识要强，用心感知客人需要哪些服务，甚至要满足顾客的潜在需要。这种服务就是感动式服务。

接下来给大家分享 50 项感动式特色服务。

50 项感动式特色服务			
序号	类别	怎样使用	为什么要使用
1	主动找车位	当有客人开车来时，主动给客人指引停车位，帮客人拉开车门搬酒水	让客人不仅能享受到吃饭的服务；还能感受到服务人员的热情
2	眼镜布	在下雨天及冬天雾气较大时，为戴眼镜的顾客送上一块眼镜布	避免热气"雾"了客人的眼镜，让客人眼镜模糊
3	橡皮筋	当有客人披着头发时，送上橡皮筋说："您好，为了您进餐方便，送您一根橡皮筋。"	以免天气太热，客人披着头发吃饭不方便
4	透明手机袋	客人的手机放在桌子上，服务员应主动拿上手机袋说："您好，我帮您把手机罩上吧，避免沾上油。"	避免客人的手机进水进油
5	为小孩、老人送蒸蛋	有小孩、老人入座应从小吃房取出蒸蛋送给小孩、老人	因为此类食物比较软、易消化，适宜小孩、老人食用
6	坐垫	有老人、小孩、孕妇来时，主动到指定地方取坐垫给客人垫上	用餐时的凳子一般较硬，老人、孕妇坐太长时间会不舒服
7	主动送生日礼物	凡是有客人过生日，根据不同的年龄、性别送生日礼物，一般送果盘或长寿面	让客人在过生日时感受到一份意外惊喜
8	儿童玩具	当小朋友不好好吃饭时，可以约定好好吃饭就送他一份小礼物	方便家长用餐，同时照顾好小朋友
9	儿童乐园	当有小朋友出现在餐厅时，服务员可引导家长带小朋友到游乐园玩耍，但切忌提出："没事，我帮您带。"	主要方便家长用餐，避免小孩打闹影响父母谈事
10	送泡菜	凡是有孕妇到座，可以提前送一份泡菜	这项服务要视孕妇口味而定，应尊重孕妇的意愿，体现了人性化的服务
11	发毛巾（一桌4次）	在客人到座2分钟内送上热毛巾	因为客人从外面到店，需用热毛巾擦手擦脸
12	剥虾壳	征得客人同意，特别照顾小孩、老人	节约用餐时间，提供方便，避免顾客将手弄脏

（续表）

50 项感动式特色服务			
序号	类别	怎样使用	为什么要使用
13	剔鱼刺 / 分餐	征得客人同意后，帮助客人将鱼主骨刺剔掉	趁热食用口感更佳；节约用餐时间，避免顾客将手弄脏
14	老花镜	当有老人点菜，看不见菜单上的字时，应送上老花镜	因为菜单字太小，一些老人可能看不清楚
15	存酒柜	当客人有喝不完的酒时，应放在存酒柜内保存	方便客人下次来用
16	遗失物品柜	当有客人将物品遗失在店内时，应将其主动放在吧台物品柜内	体现店内员工的素质；让客人感受到员工的真诚
17	唱生日歌	当有客人过生日时，3~4 名员工在征得客人友人同意后为其唱生日歌	烘托过生日的气氛，给客人带来惊喜
18	情侣送莲菜、白菜	当有情侣就餐时，送上一份莲菜或白菜（心心相印、白头偕老）	主要体现一种人情化服务，为客人送祝福
19	给老人送蒸南瓜	当有 60 岁以上的老人就餐时，给老人送上一份蒸南瓜	蒸南瓜比较软，且有营养，适合老人食用
20	备针线包	在卫生间的洗手台上备针线包	当有客人的衣服坏了，方便修补
21	备吸管盒	在各服务区域使用吸管盒	使用吸管盒方便、卫生、干净
22	将长筷子换成短筷子	在有小孩就餐时，将长筷子换成短筷子	避免小孩就餐时，长筷子不好用
23	宝宝餐具	使用宝宝专用卡通餐具，并区分性别	满足孩子被专门照顾、受重视的心理
24	主动给客人多上一份小吃	当五位客人点半份小吃，九位客人点一份小吃时，主动多上一份小吃	这样才能保证当桌每位客人都可以吃到
25	凉菜换两个半份	当为大桌客人上凉菜时，将一份分成两个半份	方便每位客人夹菜
26	醒酒汤	当有客人喝醉时，送上醒酒汤	醒酒汤养胃，帮助客人尽快醒酒

（续表）

50 项感动式特色服务			
序号	类别	怎样使用	为什么要使用
27	等座送报纸、小吃	当有客人等座或等朋友时，主动送上报纸、小吃	打发时间，避免客人等待时间较长产生饥饿感
28	备上常用药品（治疗上火、感冒、头痛、胃痛等症状）	应在医药箱中备上常用药	当有客人突然生病时及时送上对症药品
29	成人游乐玩具	在客人等座时，送上成人游乐玩具	方便客人消遣时间
30	手机充电器	当客人的手机没电时，主动送上手机充电器	方便客人为手机充电，保持手机畅通
31	红包	有婚宴时提前备好红包	方便客人包份子钱，避免尴尬
32	婴儿椅、睡袋	当客人的小孩睡着时或者在小孩吃饭时分别送上睡袋、婴儿椅	睡袋方便小朋友睡觉使用，婴儿椅方便小朋友吃饭使用
33	竹碗（隔热碗）	当有小朋友吃饭时，主动送上小木碗、小木勺	让家长放心，避免小朋友被烫
34	"阳光露"（去油污）	当客人的衣服不小心弄上油渍时，喷上"阳光露"	这样可以更快捷地将衣服上的油渍弄干净
35	及时为客人添水	当客人杯中水不足时，及时为客人添水	体现一种及时性服务
36	擦车	有客人开车来时，主动给客人擦车、洗车	让客人不仅能享受到用餐服务，还能享受到擦车服务
37	叫代驾	在客人喝酒的情况下，提前询问客人是否需要叫代驾	保障客人安全，缩短等待时间
38	记下出租车的车牌号	当有客人打车来时，用本子记下客人乘坐的出租车的车牌号及客人乘坐的位置	如有客人遗失了物品，方便给出租车公司打电话
39	客人不愿意等座时，送黄豆、口香糖、名片	在等座时，有客人等不及走了，这时送上黄豆、口香糖、名片等	主要是向客人表达一种歉意，也方便其下次来时提前订餐

（续表）

50 项感动式特色服务			
序号	类别	怎样使用	为什么要使用
40	啤酒加黄瓜 / 红酒加芹菜或洋葱	在客人点啤酒后，加上新鲜的黄瓜条；点红酒后，加切成丁状的芹菜	黄瓜条增加啤酒的鲜香度；红酒加芹菜丁有降"三高"及非常好的养生效果
41	小勺子搅豆浆	在给客人倒热豆浆后，客人可能需要白糖，应在桌子上摆放小勺子	客人添加白糖后，方便搅匀
42	一次性手套	在每一个服务区域放一个一次性手套盒	干净、卫生，方便客人取用
43	"请勿打扰"台卡	在每一个服务区域备三个"请勿打扰"台卡	以免过度服务打扰客人用餐谈事
44	残疾人轮椅	当有病人或残疾人来就餐时，方便使用	这样可减轻客人行走时的不便
45	洗手液、护手霜、啫喱水、梳子	在洗手台上面备上消毒洗手液、护手霜、啫喱水、梳子	主要用于客人洗手后防止手冻裂，使用啫喱水、梳子方便客人梳头
46	雨伞袋	在下雨时，给前来用餐的客人备上雨伞袋	防止雨伞上的水滴在地面上使客人滑倒
47	雨伞	在下雨时，如有客人忘了带雨伞，可以借给客人使用	让客人感受到一种贴心的服务
48	唱收唱付	在客人埋单时	收您××钱，找您××钱；扫您××钱已成功；谢谢
49	报号工作	在菜上齐后	您好，您点的菜已上齐，我是你们的服务员××，如有需要请随时叫我，谢谢
50	代客泊车	停车位紧张时代泊	方便客人停车

上述这些感动式服务是国内一些优秀餐饮企业在提高服务品质时经常关

注的细节，值得我们借鉴。我相信，经过大家的努力，头一锅也会在工作中创新一些独有的服务方法，让广大顾客享受到更加满意的服务。

杨红梅　我们现在有一个前厅讨论群，每天写服务总结，目的是鼓励大家每天做好感动式服务。现在有些偏离初衷，变成工作总结了。

王　维　刚才给大家分享的 50 项特色服务，就是你们的突破口。比如，给客人递一块眼镜布，拿一根皮筋等，这些就是服务无微不至的表现啊。以前你们没有找到突破口，原因是不知道从哪些方面为客人做什么。今天在为大家做了这些分享后，大家就可以从这些方面去大胆尝试，为顾客提供相应的服务。你们回去之后，把这些方法分享给员工，发动大家一起去做。这些服务细节需要我们用心去发现，主动来提供。

8.2　海底捞服务的闪光点

杨铁锋　刚才说到感动式服务，我觉得有两点至关重要。一点是你要真心真意去做；另一点是你要学会渲染、夸张，看见顾客进店你要发自内心地高兴。这几天，我在现场观察你们的服务状态，看见顾客光顾你们是真的高兴吗？你到海底捞吃饭，面对的是什么样的服务？遇到海底捞的厨师，你看他高兴不高兴？再看看我们的厨师，顾客来不来，和他有没有关系？在我们这里，还认为是技术为上，但是在海底捞那里，现在已经不是技术决定一切了，它是顾客至上，是市场决定生产，而不是生产决定市场。30 年以前开店，厨师的手艺决定了生意好坏，顾客的满意度并不重要；30 年以后，顾客的满意度决定了餐厅能否存活，若厨师再用以往的方式工作已经活不下去了。

今天的海底捞服务会让人特别感动，是他们把以往四平八稳的服务模式创新到夸张的程度。你所见到的每一个人，都是热情地点头哈腰，举手投足夸张到了极致。曾经有一个很内向的小女孩，被伙伴带着去海底捞做了服务员。做了三个月以后，她的精气神彻底变了，完全成了海底捞式的"战士"。在那样的氛围里，如果一个人现场服务状态达不到要求，马上就会过来一个小伙伴，告诉她要微笑，要有表情，要求她马上改进。

海底捞的服务员看见顾客后会向顾客鞠躬。顾客起身去洗手间，走在路上稍有迟疑，马上就会有服务员过来询问，告诉他正确的洗手间位置。你要真的感动到别人，影响到别人，这样才能让顾客感受到你的心诚和意切。所以，我在这里再次建议，头一锅下一步的员工薪酬体系调整一定要采取分级管理的方法，员工、领班、店长要根据贡献确定个人的收入待遇。比如，顾客光顾后，如果服务人员没有微笑，就拿最低工资；微微一笑，就拿多一点的工资；真诚微笑，就拿最好的工资。我这是打比方，具体分级需要有详细方案。

头一锅如何建立自己的服务方式呢？

第一，你们要真正去落实感动式服务的各项措施。你们能不能让顾客有这样的体验，就是头一锅的这些服务员比他们的家人做得都好！如果能做到这个程度，我们头一锅才真的叫作成功。想感动顾客，必须要发自内心、真正做好才行。

今天中午饭口的时候，你们的工作重点就是带动员工去感动顾客，想尽各种办法让顾客高兴。

第二，你们每一个人都要成为标杆。你们不要把自己变成一滴油，浮在上面。你们要和员工融为一体，带动大家一起创造一个海底捞式的服务氛围。

第三，你们相互之间要比赛，三个店进行工作比拼。我觉得东华的想法就非常好：让餐厅的每一个人都发自内心地对顾客好，这个想法太好了！当员工看见顾客的时候，要有意识给顾客让路，而不是让顾客给自己让路。所有人见到顾客，一定要问好，你好！你好！你好！无论是第几次见面。这样，用这种方式，把我们超值的服务展现出来，让头一锅成为排头，拉大和所有竞争企业的距离。

第四，工作标准要更高、更严。你们自己要把自己变成一个标准的化身，无论走到哪里，都能让身边的员工感受到你的高标准，感受到自己应该按照你的方式达成较高的工作标准。

8.3　海底捞服务模式的解读

杨铁锋　上午给大家提出了一个目标，说我们要去打造一个海底捞式的餐厅，让我们快速地和其他竞争对手拉开距离。你们大家对这个提法有什么意见？我们能不能打造一个海底捞式的羊肉汤餐厅？我们和海底捞有什么差距？

张秀娟　很难坚持。

杨铁锋　这个很难坚持是谁的原因？餐饮经营，实际上就是一个人的战争。一个人不合格，大家就都不合格。这个人就是企业当中的店长。老板是企业当中给你提供平台的人，能不能成功，则取决于店长。企业向前运转的发动机，有的是老板，有的是店长。只有发动机充满活力，团队才会有力量。

今天下午的话题有点沉重，我估计你们也没有想过这个话题，总觉得海底捞是海底捞，头一锅是头一锅，二者好像没什么关系，相距十万八千里呢。是不是？我们的服务意识欠缺在哪？中午 11 点的时候，我一直在旁边观察你们，发现你们仍然是原来那个样子，想去做点热情服务，但是又不知道具体做什么，是不是？

姬玉梅　其实我觉得咱这个地方的基础服务还没有做到位。举例来说，今天中午二楼的喜宴接待，我在现场，发现桌子上的盘子都空了服务员还不知道撤下去，宴会快结束的时候，馍馍也没上，客人都等着那个馍馍，馍馍不上人家没法结束。这些是最基本的服务，现在还需要提升。

杨铁锋　今天上午王老师领着大家学习了 50 项感动式特色服务，核心内容就是两个字：殷勤。前几天去郑州巴奴火锅考察，我发现巴奴的现场管控比海底捞还好！我们去了两个店，两个店都不错。今天的巴奴已经可以向海底捞发起挑战，头一锅能不能？这种气魄和员工没有关系，就是和你们这十几个人有关系。如果你们自己没有想法，一定带不出海底捞式的团队。

学习海底捞，你就要把它研究透。我来给大家说说海底捞的服务包括哪些内容。

第一，海底捞的服务是从停车场开始做起的，这是海底捞最牛的地方。在海底捞的停车场，一定会有一个服务员，在不断地和下车的客人打招呼，"您好，是到海底捞就餐吗？""您好，您在海底捞有预订吗？""你好，您几位？"头一锅的服务人员可不可以也去停车场和客人打招呼，"您好，您到头一锅来就餐吗？"把这些信息收集齐全，再用对讲机传递给迎宾部，餐厅就可以预先做好接待准备了。

第二，海底捞在进门的地方设立了免费的等位区，这是海底捞服务特色的集中展示区域。这个地方大约有一百平方米，提供的服务有免费饮料，免费擦鞋，免费美甲，免费 Wi-Fi，免费水果小吃，等等。通过这些免费服务，最大限度地提高顾客等位期间的现场体验。

第三，现场的服务人员使用夸张式的服务，让顾客感受到海底捞与其他企业的不同。海底捞允许服务员在工作中"快走慢跑"，这是餐饮行业的一个创新。有顾客喊一声"服务员"，马上就会有服务员举手示意，快走或慢跑来到顾客身边，"您好，有什么事情可以帮您？"如果服务员慢腾腾地走到顾客跟前，问"什么事儿啊"，就没有这种效果了。

第四，每餐 4~6 次为顾客提供免费的湿毛巾。你会发现，顾客原来是喜欢被"骚扰"的，不喜欢的不到 10%。总体来说，顾客是不喜欢被轻视的。

第五，海底捞会在洗手间里的蹲位旁边放置两卷手纸，女洗手间的墙上还有一句话很暖心："特殊日子有需要请找阿姨哦！"

当顾客从洗手间出来的时候，会有一位保洁员阿姨帮他打开水龙头，按出洗手液，再帮他抽出擦手纸，通过一抬、一按、一递，让顾客一下子就有了自己是贵宾的感觉。

当我们看到了这些服务以后，再应用到头一锅这里还难吗？

海底捞真正的能力在哪里？是一个普通人到了海底捞以后，三天就变成了海底捞战士！这是机制的力量。员工工作没有激情，本质上是缺少考核。绩效考核的目的就是要把员工分成三六九等，优胜劣汰。

另外，海底捞还有一个常年检查的制度，主要包括公开检查、门店互查、神秘顾客暗访等。没有检查，也不会有高品质。

给大家留一个作业，题目是：我向海底捞学服务，大家以这个题目写一篇300~500字的学习心得。

第九章

让头回客成为回头客

9.1 挖掘顾客的技巧

头一锅若想保持长盛不衰，必须要做好两方面工作：一个是维护好现有的顾客群体，通过适度的活动和优惠，让他们经常光顾头一锅；另一个是挖掘未来的顾客，将相关信息传递给他们，让他们建立信任，从头回客成为回头客。可以说，餐饮企业所有的努力都是在让头回客成为回头客。

第一，寻找我们身边的顾客。顾客最多的地方就是我们努力的方向。亲戚朋友、微信好友、同学、同事等都有可能成为我们的顾客。除了这些和我们能够产生关系的人群，还可以去哪里挖掘顾客呢？

◆ 医院中的医患人群是一个很有潜力的客户群体。

◆ 大中专院校。如今，学生们的聚餐次数也比较多。

◆ 民政局的婚姻登记处、礼仪公司、婚纱摄影店，也有我们需要的顾客群体。

◆ 酒水商、食材供应商，他们手里的顾客资源也很丰富。

建立合作关系不难，不过就是寻求一个合适的利润分账方式而已。

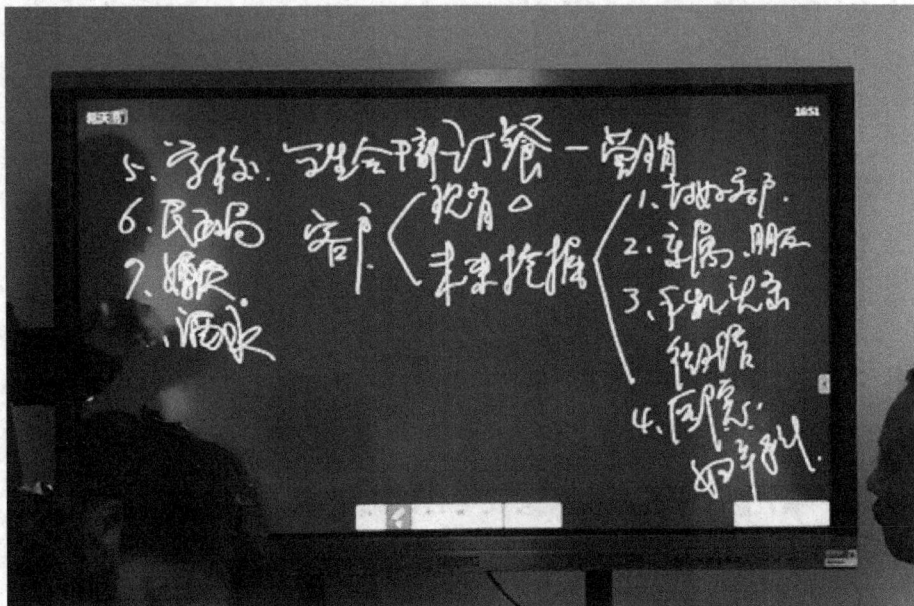

第二，如何做好网络营销。有一句话很能说明问题：在互联网时代，已经没有所谓的互联网企业和非互联网企业的分别了，所有的企业都是互联网企业。所以，做好网络营销工作已经不是什么新鲜事，而是企业日常营运当中的一项重要工作。现在，像抖音、微信、百度这些平台的营销，大家都很清楚，我就不说了。今天和大家分享网络营销，是让大家具体去做一件能立竿见影的事情。

你们指定专人负责这项工作，去网络平台，如搜狐、新浪、天涯、网易等，注册20个和单县餐饮行业相关的博客。博客名称采用顾客搜索关键词的习惯，如单县婚宴、单县地方特色小吃、菏泽地方特色美食、单县特色酒楼、单县羊肉汤、单县生日宴、单县宴会等，便于顾客在线上查找。你们的任务是，经常性地撰写小吃美食类的相关文章，两三天就发一篇，很快，人们在线上搜索和单县美食相关的内容时，头一锅自然就排到前面了。这个方法物美价廉，可以长期坚持。为什么要注册 20 个博客呢？因为你注册的越多，展示的可能性就越大。当然，如果头一锅能够做几个专门的网站就更好了。把餐饮美食这个品类围起来，那么至少在线上，头一锅已经是单县餐饮行业无可争议的第一名。

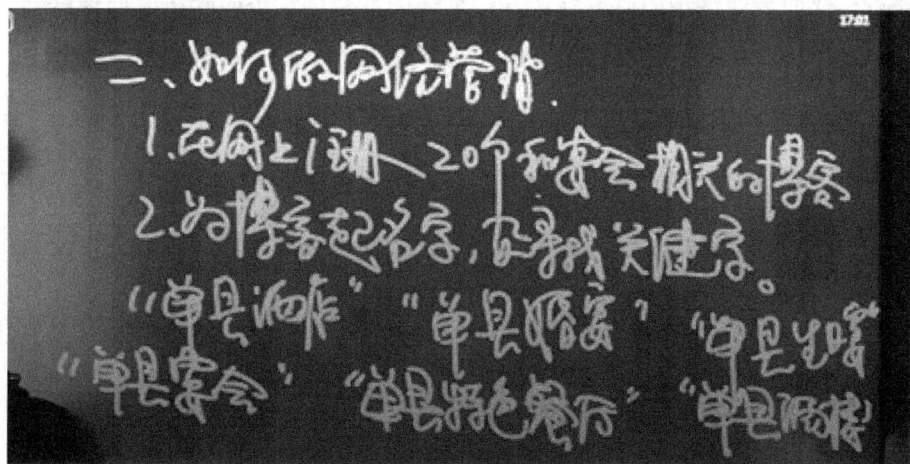

这项工作可以采取头一锅总部统一规划、管理人员个人实施操作的办法来进行。文章由公司安排专人撰写，由大家自主转发到各自的博客上。每个人在自己转发的文章后面加上自己的订餐电话。这样，很快就会建立起自己的客户群，源源不断地带来生意，接听电话就可以成交业务了。

第三，如何为顾客预订宴会。顾客进店预订宴会，应该让顾客产生一种危机感，以马上交付定金为好。顾客会询问，"你好，我想定 5 月 28 日的婚宴，你们这里有没有场地？"接待人员最好不要直接回答"有"或是"没有"，而应该说："哦，5 月 28 日，昨天有人来问过了，说这两天要过来交定金。不过我们的规定是：谁先交定金，就给谁定场地。"

顾客听到这样的回答，很可能就会马上做出决定。毕竟，顾客并不希望在确定的日期里，订不到合适的宴会场地。

很多做业务的高手都在使用这个方法，很有效，屡试不爽。

为客户确定宴会价格的时候，应该采取就高不就低的策略，而且不打折。喜宴菜品本来就是超值套餐，一个折扣下来就会损失很多毛利。你只需要讲：我们头一锅是品牌餐饮，我们选择的食材都是由品牌供应商提供的，我们使用的是品牌油、品牌面，我们的厨师都是当地有名的师傅，所以，我们从来不打折。

快速成交，收取定金。任何人订餐都必须收取定金。注意，是这个"定"，不是这个"订"。前一个"定金"是不可改变的意思，谁改变谁受罚；后一个"订金"是预订的意思，可以变更约定。

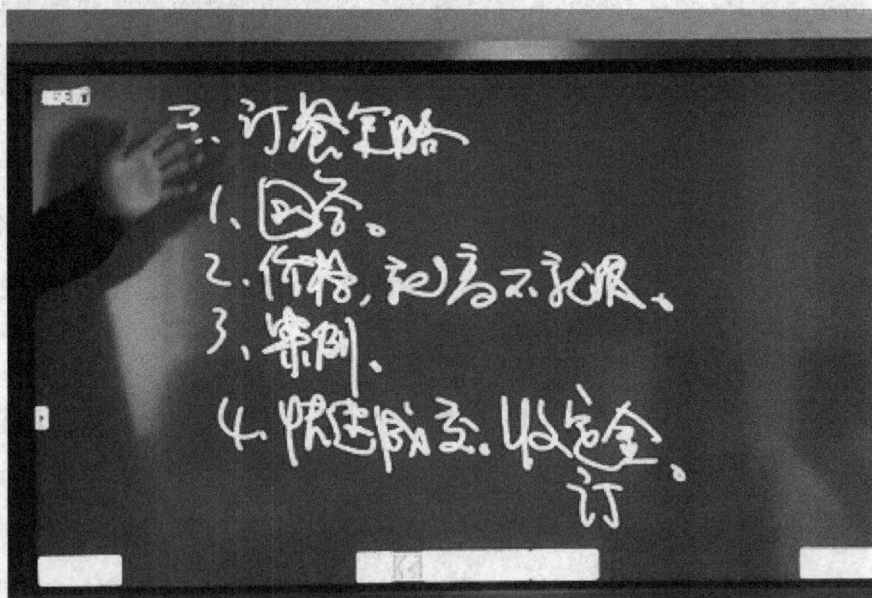

另外，还有一些地方需要注意，比如，主动给对方倒水、递名片、加微信等，让对方感觉自己很重要。

姬总对经营领悟得很透。她曾经说过，成交的主要方法是从帮助对方入手，让对方感觉你在帮助他，即使花了钱也是心甘情愿的。

最后送给大家两个字——转训，是我特别希望大家能够做到的。大家在这里听完了，理解了，回去以后要用到你的工作中，让你的团队成员和你一起成长，这样，我们头一锅才会越战越勇。

9.2　落地执行要脚踏实地

（按照预先安排，大家各自汇报落地感动式服务的具体措施）

杨铁锋　刚才，大家的整体分享我觉得不错，大家进步很快。在推进中有三件事需要大家用心领会。我们落实海底捞式的感动式服务，创造这样一个新模式，目的是将来我们要成为区域市场的领头羊。所以这条路必须要走。在市场竞争中，再单纯地去打价格战，越来越难以取胜。顾客进店，不仅仅是因为价格，也不仅仅是因为品质，而是看你的品牌吸引力。如果在这些方面做得好，头一锅的品牌美誉度就会稳步上升。

第一，我们的目标。我们的目标是清晰的，近期就是形成和落地头一锅的 50 项感动式服务，快速带动头一锅的品牌美誉度。

第二，坚决杜绝"耳边风"。很多企业存在这样的现实情况，无论某件事情做得多好，都一定会有人说三道四。对于这些消极的"耳边风"，我们不但不能听，还要坚决打击。失败者永远站在旁边看，成功者则会拼命地干，一个是看，一个是干，结果是不一样的。

第三，坚决杜绝"因噎废食"。在向前推进的过程中肯定会遇到各种各样的问题，我们不能因为存在一些问题，就前功尽弃。这是大忌。

另外，我们今天还有一件事，就是在这次学习结束之后，头一锅要建立一个落地班子，推选一位能够带领大家落地执行的负责人。我们先来设定一下负责人的任职资格。

1. 年龄：25~45 岁。

2. 学历：初中以上。

3. 资历：两年以上。

4. 目标感：极强。

5. 执行力：极强。

6. 处事方法：圆滑。

7. 标准：极高。

8. 表达能力：极强。

这是我给大家提供的参考条件。按照这个条件，每个人提出一个人选，得票最多的人就是落地班子的负责人。

好，孟州被选为我们落地班子的负责人。掌声有请孟州！

孟州　感谢大家信任！一起学习这么多天了，深受启发。我要和大家一起在姬总的领导和杨老师的指导下，结合头一锅的具体工作，携手并进，共同努力，争取圆满完成我们的目标，谢谢大家！

杨铁锋　经过大家推选，我们落地班子的成员构成确定为：

◆ 总司令：姬玉梅

◆参谋长：孟州

◆学习部长：李明军

◆生活部长：张秀娟

◆文娱部长：杨红梅

◆宣传部长：高艳东

姬玉梅 五天的学习到了尾声，我对大家的培训结果非常满意。这次被大家推选的落地班子的成员，一定不要辜负大家的期望，真正将感动式服务在头一锅落地生根。下面，有请落地班子成员逐个为大家做一个公开承诺。每人一分钟。

杨红梅 我会和头一锅全体员工一道，打造一个积极向上、轻松愉快、活泼开朗、正能量的团队，做好娱乐工作，丰富大家的工作和生活。

张秀娟 总之一句话，你们是打前锋的，我是你们的后备力量，我是负责后勤的张秀娟，有什么事情找我就行。

高艳东 我承诺，为落地感动式服务，全力以赴。

姬玉梅 我承诺，支持五位领导班子成员成为最强的"老大"。

李明军 我承诺，在这30天的落地时间里，我要全力以赴带领大家共同学习，一起成长。

孟　州 我承诺，认真执行30天落地计划，坚决完成"总司令"下达的一切任务。

姬玉梅 难忘的五天就要结束了。在这五天里，我们学到了什么？受到最大的启发是什么？作为头一锅人，你未来应该怎样奋斗？每人分享一分钟。

高艳东 通过这几天的学习，让我对制度和流程有了深刻的认识，我的体会是，自己首先要成为一个发动机，自己约束自己。只有实现自我管控，才能去管好别人。

张喜梅 这五天的学习内容很多，以后一定遵照执行。头一锅一路走来真的很不容易，今后，我会坚持把工作做好，为头一锅的发展贡献自己的力量。

张娅慧 通过制度和表格做细节化的管理；学习海底捞的服务方式，做好细节落地，影响更多的服务员和我们一起往前走。向优秀的人学习，不怕苦、不怕累，坚持做下去。

杨红梅 通过学习，我发现自己最大的问题是目标感不强。过去一直感受不到压力，通过杨老师的授课，我发现压力不是别人给的，而是自己的承诺驱使的。以后，作为管理者，我要按照杨老师讲的那些方法去管理团队，借助别人的力量达到自己想要的结果。在这个过程中，自己会先做标杆，感染身边其他的人。未来30天的工作有压力，不过杨老师把标准、流程、方法全部都教给我们了，我要列出30天的工作计划，一步一步去实施。

张德举 通过学习，让我对未来的工作内容有了清晰的认识，也让我有了行动的目标。对于这些天的培训，我感触非常大，一定继续努力，为头一锅做贡献。

孟 州 五天的学习，我的感触是比较大的，一开始比较困惑，总是按照自己的原有思路思考问题，心理上有些逆反。杨老师讲的这些方式、方法，让我感觉自己顿悟了。

李明军 非常感谢杨老师五天的培训，头一锅在杨老师的指导下，一步步地健康成长，每年的营业额都在增长。姬总与我一直都认为，虽然头一锅发展的势头很猛，但管理一直都不正规，这下好了，杨老师把我们急需的工具教给我们了，并且又帮我们打造了一支新的标杆团队。只要我们的心在一起，为了共同的目标，大家全力以赴，我相信一个月后，肯定能做出姬总和杨老师想要的效果。

姬超源 通过这几天的学习，我觉得自己以前做得远远不够，付出的实在是太少了，以后我会努力。

郭东华 通过这几天的学习，我认识到了我们共同的目标，就是姬总想要的目标——品牌升级。我没有任何借口，全力支持孟州，把头一锅的总店工作做好。

张秀娟 通过学习，我更好地找到了自己的目标，了解了自己的工作内容。过去，我经常盲目地做一些事情，随波逐流，跟着别人走，不知道自己应该做什么。以后，我要自己做好每月计划、每周计划、每天计划，安排好自己的工作时间。很庆幸我加入了头一锅，认识了姬总，认识了杨老师。谢谢大家！

姬玉梅 恭喜大家第二阶段五天的培训圆满结束！感谢杨老师、王老师、蒋老师，感谢头一锅的管理团队。最后，掌声有请杨老师做总结发言。

杨铁锋 经过我们大家的共同努力，经过第二阶段五天时间的学习，我们的落地班子确定了，人选也定了。最后给大家留一个30天的作业，就是请大家每天完成一篇300字的短文，总结每天的思路想法、落地情况、成功案例，然后分享到我们的培训群里。你可以写自己的故事，写自己的想法，也可以抨击他人的错误，让我们一起来感悟餐饮运营的方方面面，彼此去温暖和激励对方。大家觉得这样可以吗？这个作业也是下个月我们的考试内容，希望大家认真对待和思考。

为了帮助大家有针对性地进行准备，我设计了一个"头一锅品牌提升培训思考题"，供大家参考。

"头一锅品牌提升培训思考题"

1. 头一锅的核心主张是什么？头一锅的企业愿景是什么？

2. 头一锅的企业文化是什么？叙述一下头一锅的创业历程、品牌故事。

3. 头一锅的加盟连锁方式有哪些？

4. 单县羊肉汤的特点有哪些？为什么说头一锅单县羊肉汤可以走向全国？

5. 餐饮企业食品安全卫生管理主要依据哪一部法律？这部法律正式实施于哪一年？具体都包含哪些内容？

6. 列出你 2019 年下半年的工作计划。

7. 店内哪些环节需要制定工作流程？列举你管辖区域范围内的重点流程内容。

8. 什么叫管理？管理分为哪两部分内容？餐饮管理制度包括哪些内容？

9. 海底捞式服务模式是什么？头一锅如何推行海底捞式服务模式？

10. 头一锅的目标客户群是哪些？如何做营销？订餐策略有哪些？

11. 你认为头一锅做品牌传播需要通过哪些手段？

12. 如何把培训学习的内容落实到你的团队中去？如何开动员大会？

13. 如何在单县扩大头一锅的影响力？

14. 如何提升营业额？如何提高毛利润？

15. 如何建章立制，明确岗位职责？

16. 六常法包括哪些内容？在实际工作中应如何推行？

17. 头一锅分店的产品结构有哪些问题？应该如何改进？

18. 头一锅如何以门店为中心开展管理工作？

19. 头一锅如何培养后备管理人才？应该吸引什么样的人才加入？

20. 头一锅做品牌提升的最大问题是什么？如何解决？

21. 为什么说"高标准、严要求、真到位"是头一锅品牌的生命线？如何坚持？

22. 反思一下自己的餐饮管理工作，优点和缺点分别是什么？今后如何提升自己的管理水平？

23. 如何理解"前厅是厨房的客人"？厨房如何为前厅提供优质服务？

24. 头一锅员工的职业道德红线是什么？应如何坚守？

25.《海底捞你学得会》的中心思想是什么？头一锅在具体学习海底捞的过程中应如何落地？

26. 企业出现下列紧急情况时，管理人员如何应对？

◆职能部门检查。

◆重大客诉。

◆厨房起火事故。

◆出现停水、停电、停气事故。

你们每天写的这 300 个字，也可以发到头一锅的员工群里，通过你们的言传身教，带动全体员工一起成长。无论多难，无论多累，你都要坚持。30 天之后，每一个人都将会迎来一个全新的自己！

头一锅第二阶段培训课程到此结束，谢谢各位！

后 记

　　至少在鲁西南地区，头一锅已经成为餐饮行业的一个品牌了。这些年来，在董事长姬玉梅的带领下，头一锅已经崭露头角，形成了自己的一套打法。单县县委书记穆杰对头一锅期待颇大，他希望头一锅能形成一个真正的样板，带领单县的同行走出单县，走向全国，为地方民众致富走出一条新路。在整个品牌提升工作完成后，我要求受训学员完成30天的落地分享作业，将每天的所思所为做好笔记，并分享到受训人员的微信群里。在这里，每人精选一小段，管中窥豹，能够感受到他们的激情和动力。我希望，经过若干年的努力，在中国餐饮百强的队列当中，能看到头一锅单县羊肉汤的身影。我很期待。

　　姬玉梅（头一锅单县羊肉汤酒楼董事长）2019年5月22日　通过这几天的比拼，头一锅的卫生状况越来越好，在服务过程中，服务员被客人尊重的情节越来越多，相信每位员工的内心都会和我一样兴奋。我们战胜了原来"自以为是"的我们！在比拼中找到了差距，向目标奔跑，用自己的双手去改变命运。我好，我身边的人会比我更好，我相信好运是"吸"来的。能征服人心的，能感动人心的，能赢得市场的，永远不是政策，而是客户对我们的期待和信任。我们要想尽一切办法，真正为顾客着想，让顾客从心里认同我们。改变，痛苦一阵子，不改变，痛苦一辈子，相信落地群里的每个人都渴望改变。改变从内心开始。

高艳东（头一锅总店服务主管）　2019 年 6 月 11 日　今天早晨检查卫生，发生了一件不愉快的小事：早晨，孟总在宣布检查卫生有关事项时，回顾了上周卫生检查情况，其中，有些内容与我有关。他说，由于高艳东发到群里的质检报告出现了错误，排名忘了修改，使得四店不承认是第三名。我当时非常生气，直接就被激怒了！难道检查不落地是因为我发的质检报告有问题吗？我第一时间就在群里发了结果啊，难道大家都不看吗？并且各店当事人都在场。后来和孟总单独沟通，我也就没说什么，毕竟我也有错误，工作不认真，下次要改正。对孟总的态度也不好，希望孟总原谅。我现在想说的是，大家都是管理人员，都有比较高的觉悟，如果我们都为不落地找各种借口，员工会怎么想？怎么去和员工说？怎么去带领员工？愿赌服输，胜败乃兵家常事，每次卫生检查总要排出一二三名。我们的目的是通过自己的行动去影响店里的每一个员工。现在，大家都很重视卫生检查，每次检查都害怕扣分，害怕丢脸，我们的卫生环境也因此越来越好。这些改变，就是我们想要的啊！

郭东华（头一锅总店厨师长）2019 年 5 月 18 日　今天早晨进店看到娅慧和孟凡青大姐，我主动说了"你好"，当时她俩还笑了，又都给我回了"你好"。我觉得这样不错，见面打招呼本来就是该做的事，希望咱们头一锅的家人们都能养成这样的好习惯，这样不论到哪个场所，都能让别人看到我们头一锅员工的人品，真的很好。

再说一下今天的工作流程吧。由于今天有喜宴，我的两个菜就是先把牛肉加工上，再做别的，这样就能做到"不窝工"。这么多年了，不论在哪里干，我都有一个习惯，按照合理的顺序做事。现在，我也是这样带领员工去做的。今天中午的喜宴菜再加上零点菜很多，总体来说，还可以，没乱。今天的分享肯定有欠缺，希望杨老师点评一下，为我以后的提高奠定坚实的基础。

姬超源（头一锅二店店长） 2019 年 5 月 26 日 今天中午来了一桌客人，来了之后直接奔二楼，说是黄哥安排的。我有点懵，没想起来对方说的是谁，领对方去了二楼，开了空调，先坐下。过了十来分钟，附近一个单位的领导过来，说是他的客人，从唐山过来的，让我给留几碗好汤。这个人我比较熟了，五一搞活动时，他连续过来了几天。他安排其他人上楼后，对我说，客人问羊肉汤哪里正宗，他第一时间就说咱这里的好喝，希望我一会儿一定上去陪客人吃点。我点头说"明白"。上了六个菜以后，我抱了一箱啤酒上去，说是送他们的，他们很高兴。这桌客人走的时候很满意，并表示再有宴请，就到头一锅。

李明军（头一锅二店店长） 2019 年 5 月 31 日 今天早晨 7：30 在总店集合，总店、二店、四店卫生大检查。我和姬超源检查总店，限时二十分钟。总店营业面积 1 800 平方米，由两个人检查，有点"走马观花"。10 点多回到店里，员工们都非常关心检查结果，我给大家做了汇报，并提出整改方案，鼓励大家再接再厉，精益求精，长期坚持，养成良好的习惯。

中午上客比较早，来了六位老人，这是他们这个月第三次来吃饭。他们月初第一次来时，发生了一点误会，好在解决及时，才没有发生其他问题。当时正是五一假期，客人非常多，他们说："听说你们这里非常好，今天来尝尝，如果满意，我们以后的聚会就定你们这里了。我们每个人都有很多饭局。"我非常客气地对他们说："一定让你们满意。"他们吃完饭结账时说：菜确实不错，环境也好，下次聚会就定这里了。第二天上午，不到开餐时间，我看到昨天结账的那位老人将电动三轮车停在了门口，我急忙开门迎过去。我说：大爷，您有什么事？那位大爷拿出了昨天的结账单说：有个地方的数量是不是错了？我说：大爷，您把单子给我看一下，并把他带到店里请他坐下。我一看菜单上有个汤锅羊肉，数量是 10，就知道大爷有误会了。我告诉那位大爷说：我们的汤锅羊肉是按两卖的，1 两 1 份，你们要了一斤，所以上面的数量是 10 份，汤锅羊肉九元八一两，你们要了一斤，一共 98 元。他听了我的解释，又把菜单看了一遍，说："这回就明白了，别的也没什么事，下次有机会再来。"我把大爷送到门外，看着他开车离去，并向他摆手致意。把结账单当场送给客人的好处，是让客人就餐后可以对账。今天他们是第三次过来，我又特意给他们开了个房间，他们非常满意。

孟　州（头一锅总店店长）2019 年 5 月 30 日　早晨 8：20 的时候，大厅来了五桌顾客，我协助服务员安排好餐位后，又去检查一楼洗手间的卫生。到了洗手盆旁边，发现有位女客人在拿着手机擦拭着。我问她，"有什么需要帮助的吗？"这位女士说，手机不小心掉水里了，问我能不能帮她把手机壳打开。我马上答应了。接过手机一看，是老品牌。还好，我对这个手机还比较熟悉。打开手机后盖，取下电池，一看里面有很多水珠，就喊保洁大姐取来吹风机，马上进行吹干。但是因为沾水时间太长，我没能帮她将手机修好，挺内疚的。我告诉她，下午回菏泽的时候找个专业的维修店维修，应该没问题。她一直说谢谢。所以，在关注客人的同时，应抓住客人的需求点，尽量去满足，这样才能把感动式服务做到位。

张喜梅（头一锅总店服务主管） 2019 年 5 月 26 日　今天中午二楼接待的全是喜宴。晚上，210 房间也是中午喜宴的客人预订的。我在一楼站位时，看到客人来了，于是主动帮客人把酒抱到了房间。和客人聊了一会儿，客人说经常在我们这里聚餐，夸奖我们的菜品和服务都很好。和客人互留了电话。我觉得，只要我们用心去做，客人就会感觉到我们的努力。有一位客人从房间出来要红纸和笔，笑着说，你们和以前不一样了，现在弄得还挺好的！我当时听了挺高兴，这就是我们付出的结果。今天晚上 9999 房间里有小朋友过生日，我们去唱生日歌，客人非常高兴，一个劲儿地说谢谢。我们要坚持下去，让进店的每一位客人都能感受到我们的改变。

张娅慧（头一锅总店服务主管） 2019 年 5 月 19 日　通过昨天一天的微笑服务，发现了自己存在的很多不足。前期可能想得太多，做得太少，所以发现问题的能力还不是很强。早餐来的顾客并不多，其中有几位是 8 点多来的，点了羊肉汤、酱豆和羊肚，说每次来，酱豆都是必点的菜品。他们点的是大碗的羊肉汤。看他们很喜欢，我就主动问他们是不是再加点饼和汤。本地常来的顾客都知道加汤收费，所以他们每人加了一碗汤后，都按照我们正常的价格付了款。中午巡台的时候，有几位很熟悉的顾客又来了。其中一位顾客有点微胖，不吃太油的东西，于是我就跑到厨房和任师傅沟通，申请一碗免费的鸡蛋茶，端给了顾客。没想到，她看我的眼神都不对了，非常感动。临走的时候，她还特地去找我，和我打招呼，说以后会经常来。我再次送给她一张自己的名片，她马上接了，连声说谢谢。我觉得，餐饮服务不是为客人提供机器人式服务，不仅仅是简单的端茶倒水，更重要的是体验，要显示出我们对客人的重视。

杨红梅（头一锅总店服务主管）　2019年5月20日　今天中午206房间的客人是散客，是我们单县的当地人，带着外地朋友专门过来喝羊肉汤。点餐时，有一个孕妇要求糖醋里脊少放糖，我马上对后厨说了。房间空调冷，我给孕妇拿来了小毯子，虽然她没用，但是反复在道谢。晚餐时，有一位南方人，点菜时说喜欢辣，要求按特辣的标准做，我及时通知厨房。客人临走时反馈说菜品比上一次的好吃，合口味。昨天开始练习微笑服务，不断提示自己，一定要对所有人微笑，可能幅度有点大，导致孟总问我什么事这么开心，也侧面反映了我的微笑是发自内心的。

张德举（头一锅总店明档主管）　2019年5月30日　今天早上7点到店，三个店联合互相检查卫生。7：30从总店开始检查，我随李总、孟总还有郭厨负责检查一楼。李总在检查过程中显示出了他的专业。一楼消毒柜上面、果汁机上面、吧台展示柜的瓶盖及厨房的几处小死角，全部被李总捕捉到。在整个检查过程中，我非常佩服李总的专业和认真的态度。

第二站，检查二店。我随孟总、郭厨检查一楼和厨房。在二店的一楼大厅，门沿、吧台存在乱放东西的情况，被孟总发现。然后检查厨房。这次的厨房，明显比第一次检查时干净多了，整体全部清理了一遍，一眼就能看出来。明档小票机处一个角落有杂物，也被娅慧发现了。在检查大厅过程中，有位同村的邻居在喝羊肉汤。在寒暄的过程中，我告诉他，我们三个店在互检卫生，他和他的同事听后都给点赞，给予了很高的评价。我询问他还加汤不，他说要的大碗，喝饱了。临走时和他打招呼，他说"这汤不孬"，以后会经常来喝。

最后一站，检查四店。到了四店，还没进门，有几位刚喝完羊肉汤的顾客，看到我们在检查卫生，调侃说："你们是头一锅纪检委的吧？"孟总笑着回应："对，我们是头一锅纪检委的。"他们连声说，"不孬，不孬"。从他们的表情就可以看出，顾客对我们做的事情是高度认可的。进到四店后，我随孟总、郭厨检查一楼和厨房。在一楼，我查了一下空调上面和墙上裱的图片，都擦得挺干净。进厨房后，发现明显比上次检查时干净多了。孟总打开冰箱门，发现馒头和生肉放在一起，也提示了超源，这种行为必须杜绝。

检查结束后，四店以 84 分的综合打分拿了第一名。大家嘴上虽说有点不服气，但心里都感觉到超源的用心了。最后，姬总做了分享。姬总给我们讲述了为人处世的原则，重点分析了"利他模式"，告诫我们，无论做人还是做事，都要具有被别人利用的价值，把别人交代自己做的事做到极致，下次再有需要时，别人还会第一时间想到你。来头一锅一年了，在这一年中，我原来心中的许多困惑，在姬总这都找到了答案！她的思想总能把大家推向一个更高的境界。分享结束后，大家开始吃早餐：花生大米粥配上白饼灌鸡蛋，大家都说好吃，美味！吃饭过程中，听澳华说白饼灌鸡蛋是姬总亲自下厨给大家做的，我们非常感动。想感动顾客，就需要先感动员工，这样，久而久之就一定会成功，姬总首先给我们做了一个榜样。

张秀娟（头一锅总店服务主管） 2019 年 6 月 13 日　今天上午，我的表妹过来应聘服务员，我带她去找姬总。我觉得，一个人学生时期学到的东西是有限的，而在工作岗位上的学习是无限的。如果遇上一个好的平台，你会学到很多，也会不断超越自己。谢谢姬总给了一个那么好的平台，让自己这样的一个野丫头，一步步走到现在。今天因为好心犯了一个错误。中午，三楼接待的客人吃过饭要走的时候，不小心把菜汤弄身上了。我本来是好心，拿出拍拍净帮客人清理污渍，但由于操作不当，使得客人衣服上的污点更大了，我感觉特别愧疚。以后要多学习业务，避免类似问题的发生。